Mon ange gardien
m'a sauvée

Contact US Dorothy Chitty
Contact US. The Dorothy Chitty
Spiritual Academy.
Call : T: 01398 361 554 ; Int: +44
(0)1398 361 554 ..

DOROTHY CHITTY

Mon ange gardien m'a sauvée

Traduit de l'anglais
par Colette Joyeux

Adresse mail.
Carine.labarbarie@gmail.com
Carine 74.

ÉDITIONS FRANCE LOISIRS

Titre original : *An Angel Set Me Free.*

Édition du Club France Loisirs,
avec l'autorisation des Éditions Presses du Châtelet.

Éditions France Loisirs,
123, boulevard de Grenelle, Paris.
www.franceloisirs.com

ISBN : 978-2-298-05779-9

À cinq de mes anges :
mes petits-enfants Thomas, Byron, Harrison,
Eliot et India.

Avant-propos

Les anges sont là, toujours présents autour de nous. En fait, en ce moment même, ils sont en train de vous regarder lire ce livre. Que vous croyiez en eux ou pas, ils vous guident depuis le jour de votre naissance et il est plus que probable qu'ils vous aient tiré de quantité de mauvais pas sans que vous en ayez même eu conscience. C'est en cela que consiste leur tâche.

Un grand nombre de gens viennent me consulter afin d'en savoir plus sur le monde des esprits, à la suite de la perte d'un être cher, ou par désir de mieux comprendre où s'en sont allés, après leur mort, leur père, leur mère, leurs grands-parents, ou encore un enfant, leur compagnon ou leur compagne, et ce qu'ils sont devenus depuis. D'autres viennent me voir quand il leur est arrivé quelque chose d'extraordinaire que ni les lois de la nature ni celles de la science ne peuvent expliquer. Ils viennent aussi frapper à ma porte quand ils ont d'importantes décisions à prendre et qu'ils ont besoin de conseils. Quelle que soit la question, je ferme les yeux et je prie, et les esprits viennent à moi, apportant à celui ou à celle qui me fait face un réconfort et des réponses.

Mais ce que je souhaite surtout expliquer par l'intermédiaire de ce livre, c'est que, dans une certaine mesure, nous pouvons tous faire de même : il suffit pour cela d'apprendre, d'observer, d'écouter, et d'être vigilant. J'organise des séminaires au cours desquels j'apprends aux participants à s'ouvrir au monde des esprits, mais j'ai décidé de vous soumettre ici certaines histoires qui illustrent la façon dont les anges aident les habitants de cette Terre – afin de décrire comment fonctionne ce processus. Et, une fois ce processus assimilé, vous pourrez solliciter vous-même l'aide des anges à tout moment.

Il est important de savoir demander. Bien sûr, les anges vous aideront, même si vous ne les avez pas consultés, même si vous pensez que cette idée relève de l'imaginaire. Mais, dès lors que vous aurez appris comment entrer en contact avec le monde des esprits, votre vie s'en trouvera formidablement enrichie.

Les anges peuvent nous aider à prendre des décisions d'ordre pratique dans l'existence, par exemple quand il s'agit du choix d'une maison ou d'un futur conjoint. Ils peuvent nous prévenir d'un danger et parfois même nous sauver, si nous ne tenons pas compte de l'avertissement. Ils peuvent guérir des maladies, et réconforter ceux qui sont dans le deuil. Ce livre présente tout un éventail d'histoires, des plus drôles (comme celle de cette femme qui traversa toute la gare de Reading sans s'apercevoir que sa jupe était retroussée jusqu'à la taille) aux plus terrifiantes (comme celle du soldat dont le blindé échappa de justesse à une bombe, en Irak).

Dans la plupart des cas (mais pas tous), les individus concernés avaient en quelque sorte fait fausse route dans la vie. Ils avaient pris des voies de traverse et se retrouvaient piégés dans des situations qui ne leur étaient pas bénéfiques. Lancés peut-être dans une carrière qui ne leur convenait pas, ou trop obsédés par la richesse et le statut social, certains avaient peu à peu glissé dans l'indifférence quant à leur propre sécurité ou celle des autres ; quelques-uns avaient sombré dans le chagrin et la dépression. Il y a de multiples façons de rester bloqué dans la vie. Cela m'est également arrivé, ainsi que je l'explique dans le chapitre 1. Nul n'est à l'abri.

Mais le fait d'être attentif au message des anges peut vous remettre sur la bonne voie et vous libérer de votre angoisse par rapport à l'avenir. Tout ne peut qu'aller bien, pour vous comme pour ceux qui vous sont chers, si vous menez une vie spirituellement éclairée. Cela n'implique pas nécessairement de fréquenter une église, il suffit simplement de traiter les autres (y compris les animaux) comme vous aimeriez que l'on vous traite.

Les anges vous aideront à rendre votre vie aussi belle que possible. Écoutez-les, et ils vous libéreront.

1

LES ANGES DANS MA VIE

« Allons, viens, petite rêveuse ! », me disait papa au moins vingt fois par jour, pour me persuader de venir m'asseoir à table, ou d'enfiler ma chemise de nuit avant d'aller au lit. « Toi, tu vis dans un autre monde. »

Et il avait raison – je vivais dans un monde à part. Je ne me rendais pas compte à cette époque-là que mon univers était différent de celui des autres. Je savais seulement que j'étais en permanence entourée de personnages qui n'étaient pas des membres de notre famille, et j'ai constaté cela dès l'époque où je dormais encore dans mon lit d'enfant. C'était un bon vieux lit en bois, et l'un de mes premiers souvenirs est celui de la présence de cinq personnes penchées sur moi, me regardant avec amour. Bien sûr, à cet âge-là, je ne savais pas compter, mais j'avais en tête l'idée qu'ils étaient cinq. Ces êtres avaient l'air si gentil qu'avoir peur ne m'effleura même pas. Auprès d'eux, je me sentais en sécurité, protégée et ce n'est que bien plus tard que je me rendis compte, en y resongeant, que c'étaient des anges. Et que j'étais la seule à les voir.

J'avais un frère qui avait six ans de plus que moi, et une sœur de trois ans mon aînée, mais j'étais une enfant très solitaire. Ma propre compagnie – et celle des anges qui m'entouraient – me satisfaisait pleinement. Certaines de mes déclarations surprenaient parfois les adultes. Un jour où je me promenais avec maman, je montrai du doigt une femme de l'autre côté de la route.

« Cette dame va bientôt mourir, dis-je.

— Grands dieux ! s'écria maman. Qu'est-ce qui te fait dire ça ? »

Je n'avais que trois ou quatre ans, j'étais donc encore un peu jeune pour savoir ce qu'est la mort.

« Je le sais, c'est tout », répondis-je en fronçant les sourcils.

La dame mourut effectivement peu de temps après et j'entendis les adultes dire que des œufs de cane étaient responsables de cette intoxication mortelle. Cela m'a fait tellement peur que, depuis, j'ai toujours évité de consommer des œufs de cane !

À l'âge de cinq ans, j'ai commencé à fréquenter l'école catholique et, tous les matins, les élèves assistaient à une cérémonie à l'église. À côté de moi était généralement assis un homme plein de bonté, portant un costume marron fait d'une étoffe grossière, qui m'expliquait la signification du sermon en latin, et j'écoutais, fascinée par la beauté de tout ce cérémonial. Il ne m'a jamais dit son nom mais, dans mon esprit d'enfant, je supposais que c'était Dieu, et c'est en ces termes que j'en suis venue à penser à lui. Mal m'en a pris d'avoir dit un jour à l'une des religieuses que Dieu s'adressait régulièrement à moi ! J'eus tôt fait d'apprendre à ne plus mentionner mon ami au costume marron car, dans cette école, les sœurs faisaient généreusement usage de la lanière de cuir, particulièrement en cas de blasphème supposé.

Quelquefois, l'homme en costume marron me sortait de l'école et m'emmenait dans un parc tout proche. J'adorais monter sur le vieux manège de bois, mais comme j'étais trop petite pour y arriver toute seule, il me soulevait, m'y installait et faisait tourner le manège... Pour rejoindre le parc, il fallait traverser plusieurs routes où le trafic était intense, néanmoins, rien de mal ne m'est jamais arrivé. Un jour, je m'arrêtai devant la boutique d'un marchand de bonbons pour regarder tout cet étalage alléchant de sucreries. Je compris soudain que je ne voyais pas le reflet de mon ami sur la vitre de la devanture, alors que je voyais clairement le mien.

« Oui, c'est vrai, dit-il, lisant dans mes pensées, tout le monde ne me voit pas. »

Au fil du temps, je compris qu'il ne fallait parler de lui à quiconque à l'école, pour éviter les taquineries. « C'est celle qui parle à Dieu », disaient les autres filles, d'un air moqueur. J'étais exclue de leurs jeux dans la cour de récréation, car on me considérait comme quelqu'un de bizarre, de différent.

Cependant, je n'avais pas encore appris à me censurer tout à fait, et il m'arrivait parfois de transmettre des messages de la part d'un ange. Un jour, une petite fille du nom de Carol était en train de pleurer. J'ai toujours eu des élans envers ceux qui étaient tristes, je m'approchai donc d'elle. Je savais que son père avait été blessé à la guerre et que ses poumons étaient atteints – je savais aussi qu'il ne lui restait que peu de temps à vivre.

« Tout le monde prétend qu'il va s'en sortir, disait Carol entre deux sanglots.

— Non, il ne s'en sortira pas, lui répondis-je d'un ton neutre.

— Tu es abominable ! souffla-t-elle.

— Mais, une fois mort, tout ira bien pour lui, dis-je, parce qu'il deviendra un ange et alors il sera tout le temps avec toi. »

Elle me posa des questions sur les anges – voulait savoir de quoi ils avaient l'air et comment on faisait pour leur parler. Elle sembla rassurée par mes réponses – selon lesquelles on n'arrive pas toujours à les voir, mais on les entend parler dans sa tête. Je lui conseillai de dire à son papa qu'elle l'aimait, parce que je sentais qu'elle avait un peu peur de lui et qu'elle n'avait encore jamais vraiment prononcé ces mots, et elle promit de le faire.

Peu de temps après, le père de Carol est mort, et nous sommes devenues et restées très amies jusqu'à la fin de notre scolarité. Mais je commençais à me rendre compte que, la plupart du temps, il vaut mieux taire les mauvaises nouvelles. On peut être bien plus utile aux gens en leur transmettant des messages positifs plutôt que des messages négatifs.

Dans mon enfance, mes parents étaient très compréhensifs quand je leur disais que je parlais à Dieu et que je voyais des anges. Mon père me dit même un jour : « Tu es une petite fille qui a beaucoup de chance. » Mais je crois que toute la famille ressentit un malaise quand je commençai à transmettre des messages de l'oncle Charlie, qui s'était suicidé au gaz en glissant la tête dans le four de la cuisinière quand j'avais dix ans. (Ce n'était pas vraiment un oncle, mais un ami de la famille que nous traitions comme tel.)

La première fois que Charlie m'apparut, il avait, comme sans doute au moment de sa mort, les traits convulsés et la langue pendante, mais je n'eus pas peur. Tout me semblait parfaitement normal. Charlie me dit qu'il s'était tué parce qu'il avait découvert que sa nouvelle femme s'apprêtait à le quitter pour un autre homme et qu'il n'arrivait pas à envisager la vie sans elle, mais qu'il voulait que la famille sache que tout allait bien pour lui maintenant. Il revenait dans un esprit d'amour et non de haine ou de ressentiment. C'était un homme doux, un être plein de délicatesse.

Nous allions souvent déjeuner le dimanche chez la mère de Charlie, que nous appelions mamie Watts, et Charlie me transmettait des messages au beau milieu du repas, ce qui mettait tous les adultes présents très mal à l'aise.

Mais les choses se gâtèrent pour de bon à l'école, le jour où je fus accusée d'avoir triché.

J'avais écrit sur ma copie ce que m'avait indiqué mon ami « Dieu » en costume marron comme étant la bonne réponse à une question. La religieuse, après avoir lu ma copie, s'approcha de moi, furieuse, et me gifla.

« Où as-tu copié ça ? me demanda-t-elle. Ces mots ne viennent pas de toi, c'est l'expression d'un adulte.

— Non, répondis-je, ils viennent de Dieu. »

La religieuse au visage bouffi me toisa.

« Écoute-moi bien, petite, dit-elle d'un ton rageur, tu ne peux pas entendre Dieu. C'est impossible. »

J'eus droit à une bonne réprimande ce jour-là, et mes parents furent informés que je trichais dans mes devoirs et que, mise au pied du mur, je perturbais le cours en répondant insolemment. Avant même de comprendre ce qui m'arrivait, rendez-vous fut pris pour une consultation chez un psychiatre.

Le psychiatre était un homme brun à lunettes, d'allure austère, qui me posait des rafales de questions et gribouillait sur son bloc-notes. En baissant les yeux, je vis, là, au pied de son bureau, un petit garçon blond qui me dit s'appeler Peter. C'était un très bel enfant, et il semblait nimbé de lumière. Il me dit que le psychiatre était son père. Il était mort de leucémie l'année précédente, et il mentionna que son papa avait mis un ours en peluche dans son cercueil. « Dis à mon papa que je suis là », me dit-il. Ce que je fis.

« Mais qu'est-ce que tu racontes ? », dit-il d'un ton brusque. Alors je décrivis Peter, et j'indiquai tous les détails qu'il m'avait donnés concernant sa mort – y compris le nounours. Le psychiatre était tout à fait décontenancé, mais il me posa quelques questions à transmettre à Peter et je me retrouvai bientôt à faire circuler l'information entre eux avec le plus grand naturel.

Le psychiatre dit finalement à mes parents :

« Cette petite fille est tout à fait normale. Elle a des PES (perceptions extrasensorielles). »

Je n'avais aucune idée de ce qu'il voulait dire, et je lui demandai si c'était contagieux, ce qui fit rire tout le monde.

« Tu as un don spécial, me dit-il. Tu peux parler à des gens qui sont morts. Mais il ne faut le dire à personne parce que les autres n'ont pas ce don. »

Je n'avais que dix ans à l'époque, mais je me rendis compte, au cours de mon adolescence, que c'était un bon conseil. Dès que l'on s'apercevait que je pouvais parler aux esprits, je me faisais harceler sans cesse, les gens n'arrêtaient pas de me demander d'entrer en contact avec leur grand-mère décédée, leurs animaux de compagnie adorés, ou que sais-je encore. Tout ce que je voulais, c'était être une adolescente comme les autres, acceptée pour ce que j'étais, et pas une fille étiquetée « bizarre » ou « différente ». Je m'intéressais à la mode et aux garçons – bien qu'ayant peu d'occasions de croiser l'autre sexe, puisque j'étais dans une école de filles.

Après le lycée, j'intégrai une école de design et de mode et je commençai à créer mes propres vêtements. On était au début des années 1960, et cette école de créateurs de mode était un lieu très stimulant. Un jour, je traversais la route, vêtue d'une veste blanche avec deux gros boutons noirs, très « branchée » – un modèle créé par mes soins –, quand une voiture déboula soudain et me frôla, heurtant légèrement ma jambe. Je fis un bond en arrière et hurlai :

« Espèce d'imbécile ! Qu'est-ce qui vous prend ? »

Je reconnus le conducteur – un jeune homme que j'avais déjà vu dans un club de jazz, mais à qui je n'avais jamais été présentée.

« J'essaie simplement de faire connaissance, dit-il avec un grand sourire.

— Eh bien, ce n'est pas la meilleure méthode », répondis-je d'un ton sec en tournant les talons.

Quelques semaines après, j'étais dans un café avec des amis quand le même type entra. Avant que je puisse dire un mot, l'un de mes amis l'appela :

« Hé, Mike ! Dorothy cherche quelqu'un pour la ramener chez elle. Tu peux la raccompagner ? »

Le copain qui était censé m'emmener m'ayant fait faux bond, j'acceptai non sans réticence de rentrer avec Mike, mais en chemin je précisai bien que je devais sortir ce à avec mon petit ami. Je le présentai à mes parents, je les laissai discuter entre eux, montai me changer et partis en toute hâte à la fameuse soirée avec mon petit ami. Imaginez ma surprise à mon retour, à 22 heures (heure limite autorisée par mes parents) lorsque je m'aperçus que Mike était toujours là à bavarder avec mes parents – et ils avaient l'air de s'entendre comme larrons en foire !

Je pris le temps d'être attentive à ce que je ressentais, et me rendis compte que, malgré les circonstances de notre première rencontre, ce garçon me plaisait et j'avais confiance en lui. Bien qu'à cette époque de ma vie je me sois éloignée de ces contacts avec les esprits, j'avais toujours un instinct très sûr quant à la qualité des personnes rencontrées. Et Mike me faisait vraiment très bonne impression. Six mois plus tard nous étions mariés ; Carl naquit en 1963, suivi de nos deux filles, Nicky en 1964 et Tanya en 1966.

Ma vie de jeune mère était très active, j'étais prise entre mon travail de créatrice de mode et mon rôle de maîtresse de maison.

J'avais parlé à Mike de mes dons de médium, mais je n'avais guère le temps de penser au monde des esprits. En 1972, ma mère tomba malade à la suite d'un sérieux coup de froid et fut hospitalisée. Je filai à l'hôpital. Elle me demanda de m'approcher tout près et murmura :

« Cette fois-ci, je crois que je ne vais pas m'en sortir. »

Je ne pouvais pas supporter de l'entendre dire cela, et je lui répondis :

« Non, maman, tu te trompes, tu vas t'en sortir. »

Le lendemain matin, je me préparais à partir au travail, quand j'entendis résonner dans ma tête une voix disant qu'elle allait mourir le lendemain. La voix me précisa même l'heure : onze heures.

Sous le choc, je refusai de l'entendre. « Allez-vous-en ! Je ne veux rien entendre. Cela ne peut pas être vrai », me disais-je.

Je devais travailler ce jour-là, mais je téléphonai d'abord à l'hôpital, et on me dit que maman allait très bien – qu'elle était même pleine d'entrain. Mais à 11h15, le coup de téléphone que j'appréhendais tant arriva, et l'on m'annonça qu'elle était morte de façon soudaine. Je fus envahie d'une colère sans nom. Comment un être aussi bon pouvait-il ainsi nous être arraché ? Et le fait d'en avoir été avertie n'arrangeait rien, au contraire. En fait, j'étais en colère contre les esprits qui m'avaient prévenue et, dans mon chagrin, je les rejetai tous en bloc.

J'aurais dû savoir que maman me rejoindrait en esprit. Bien sûr, c'est ce qu'elle fit. L'année suivante, alors que nous séjournions chez mes beaux-parents, je fus réveillée une nuit par une douleur à la poitrine si aiguë que j'avais beaucoup de mal à respirer. Je n'avais jamais rien ressenti de tel, et j'étais convaincue que j'allais mourir. Mais la voix de maman résonna dans ma tête : « Ne t'inquiète pas. Tout va bien se passer. » On m'emmena aux urgences, et les médecins de l'hôpital diagnostiquèrent une embolie pulmonaire – un caillot de sang dans les poumons. Ils dirent à Mike que l'issue resterait incertaine pour les vingt-quatre heures à venir.

Dans l'intervalle, ma fille Nicky, âgée de neuf ans à l'époque, s'était réveillée au milieu de la nuit et avait entendu la voix de ma mère lui dire qu'il ne fallait pas s'inquiéter, que l'on m'avait emmenée à l'hôpital, mais que tout irait bien. Le lendemain matin, au petit déjeuner, quand on lui annonça mon hospitalisation et mon état inquiétant, Nicky dit d'une voix suave :

« Tout va bien. Mamie m'a dit qu'elle allait s'en sortir. »

Bien entendu, je me suis rétablie, et quand j'eus vent des propos de Nicky, je me rendis compte qu'elle avait les mêmes dons que moi. Elle aussi recevait des visites...

C'est alors que Mike et moi nous sommes lancés dans une création d'entreprise. Notre activité de traiteurs fut un franc succès dans les années qui suivirent, mais je résistais toujours aux avertissements des voix qui résonnaient dans ma tête, ce qui nous amena à faire certaines erreurs. En particulier, nous avions changé le système de gestion de notre société, alors qu'au fond de moi je savais que ce n'était pas la chose à faire : nous avons finalement dû cesser nos activités commerciales, avec d'énormes dettes à la clé. Il a fallu vendre notre maison, toute la collection de tableaux et d'objets anciens acquis au fil des ans, et jusqu'au cheval de notre plus jeune fille Tanya. Ce fut une période difficile pour toute la famille, et certainement l'un des seuils les plus bas de toute mon existence. Il nous fallut beaucoup de temps pour nous remettre à flot financièrement, et pour refaire des projets d'avenir.

Quelques années plus tard, toujours en quête de solutions, nous nous installâmes chez ma belle-mère à Sheldon, dans le sud du Devon, où nous fîmes étape pendant plusieurs mois, entassés dans une petite chambre, avec tout ce qui nous restait d'objets personnels.

Je sortis un jour faire une longue promenade sur les falaises, et – je ne sais pourquoi – sans emmener mon chien. J'avançais machinalement, perdue dans mes pensées quand soudain, en baissant la tête, je m'aperçus que mes pieds étaient posés au bord du vide sur un surplomb herbeux. Les rochers et la plage étaient à plus de trente mètres en contrebas et j'étais quasiment en suspens, comme flottant dans l'air. Je ne suis pas suicidaire, mais je me souviens pourtant avoir pensé : « Bah, je suppose que la souffrance sera de courte durée. »

À peine cette pensée m'avait-elle traversé l'esprit que je sentis comme des mains, « quelque chose » derrière moi, me saisir fermement par les coudes et me soulever du sol, pour me reposer de l'autre côté d'une clôture en fil de fer barbelé qui se trouvait à environ deux mètres en retrait. J'eus l'impression de voler, un peu comme Mary Poppins. Je me laissai tomber sur l'herbe afin de reprendre mon souffle. Que s'était-il donc passé ? Qui (ou qu'est-ce qui) m'avait sauvé la vie ?

La clôture de barbelés était là pour empêcher les promeneurs de s'approcher trop près du bord instable de la falaise, et je ne sais pas comment j'avais pu me retrouver du mauvais côté, parce que mes vêtements n'avaient pas la moindre déchirure. J'eus soudain L'impression qu'une main tendait le doigt en direction du bord herbeux où je me trouvais un instant auparavant. C'est alors que je remarquai qu'à cet endroit les touffes d'herbe, épaisses de quelques centimètres, masquaient à peine le bord érodé de la falaise. J'aurais normalement dû faire une chute mortelle.

Je restai longtemps assise dans l'herbe, réfléchissant à ces mains qui s'étaient saisies de mes coudes, et je devinai que j'avais été sauvée par deux anges – un de chaque côté. L'heure de ma mort n'était pas venue. J'avais encore des choses à faire dans ma vie et c'était à moi de découvrir lesquelles mais, pour y parvenir, il me fallait ouvrir mon esprit à ces sphères que, depuis si longtemps, je m'efforçais d'ignorer. Je devais tout d'abord écouter les messages envoyés par les anges, et comprendre que la plupart des événements n'arrivent pas par hasard. Ma rencontre avec Mike, le jour où il avait failli me renverser, n'était pas le fruit du hasard, pas plus que l'échec de notre entreprise commerciale : j'étais censée faire quelque chose d'autre de ma vie.

Peu de temps après cet incident, alors que je prenais rendez-vous chez le médecin, j'entendis la réceptionniste parler avec des infirmières d'une personne qui tirait les tarots. Je demandai qui était cette personne, et l'on me répondit qu'elle habitait non loin de là, à Newton Abbot.

« Cela vous intéresse ? », demanda une infirmière.

Je fus surprise de m'entendre répondre :

« En fait, je suis moi-même médium. »

Je me rendis chez la tarologue de Newton Abbot, et, dès mon arrivée, elle leva les yeux vers moi et m'accueillit par ces mots : « Cela fait cinq ans que je vous attends. Je savais que vous viendriez. Il y a une étoile d'or au-dessus de votre tête. »

Les anges m'incitaient de plus en plus à travailler avec eux, mais j'étais encore freinée par la peur du qu'en-dira-t-on, allait-on me trouver stupide ou bizarre, comme au temps de mon enfance ? « Aie confiance en nous, me disaient les voix résonnant dans ma tête. Crois en nous. »

La tarologue m'affirma que j'allais devenir médium professionnelle. Je lui fis une séance, et elle fut certainement impressionnée par ce que je lui annonçai, car elle commença à me recommander à ses amis, et les choses démarrèrent sans le moindre recours à la publicité, simplement par le bouche à oreille. C'était aussi naturel pour moi que de respirer. Quelqu'un entrait, s'asseyait en face de moi, et les voix résonnaient dans ma tête. Je n'avais plus qu'à transmettre leurs paroles.

C'était un travail gratifiant, car je savais que mes messages réconfortaient beaucoup de gens. Lorsque j'aidais mes visiteurs à renouer les fils de leur vie après un deuil, j'arrivais à leur démontrer que le lien qui avait existé sur Terre n'était jamais rompu. J'avais l'impression de faire œuvre utile. D'autres venaient me voir parce qu'ils avaient des soucis d'argent, des décisions à prendre concernant leurs affaires, des problèmes émotionnels au sein d'une relation, ou des craintes pour leurs enfants, et dans tous ces cas j'essayais de les aider à surmonter ces moments difficiles.

Un jour, une femme qui était déjà venue me consulter me dit : « J'adorerais faire la même chose que vous. Voulez-vous m'apprendre ? »

Je lui répondis que je ne croyais pas avoir quoi que ce soit à lui révéler, mais elle n'était pas de cet avis. Je n'avais aucune expérience en matière d'enseignement mais, après mûre réflexion, je me rendis compte que j'en étais probablement capable.

J'en parlai à quelques autres personnes et je réunis rapidement un groupe de six étudiants, ce qui semblait être le nombre juste. Je n'avais aucune idée de ce que j'allais enseigner. La veille au soir, je m'attardai dans mon bain, je m'adressai aux esprits et ils me transmirent tout le programme du cours, ni plus ni moins. Le lendemain matin, je fis face sans la moindre note écrite, faisant confiance aux esprits, et les mots me vinrent spontanément. Je crois que mes étudiants en furent satisfaits car, à la fin de la journée, ils me demandèrent s'ils pouvaient revenir assister à d'autres cours. La nouvelle de ces « leçons » se répandit rapidement et je me retrouvai bientôt à voyager dans le monde entier et à dispenser des cours à des groupes de dix personnes dans de nombreux pays. Tout se passa sans planification aucune, le plus spontanément du monde. On m'appelait pour m'inviter, je donnais mon accord, et cela débouchait sur une activité toujours plus intense.

Mais mes problèmes personnels n'étaient pas pour autant terminés. Lorsque ma fille Tanya eut sept ans, elle fut victime d'abus sexuels et, le coupable étant une personne de confiance, la perturbation fut énorme pour l'enfant. Je voulus porter plainte, mais l'on m'en dissuada, disant que c'était la parole de cet homme contre celle de ma fille. Il eut droit à de simples réprimandes. Ce fut une période très dure, toute cette histoire me déprimait beaucoup, mais j'essayais tout de même de garder mon calme et de consoler ma fille du mieux que je pouvais.

Un jour où je me rendais pour un cours à Guildford dans le Surrey, à environ quatre-vingts kilomètres de l'endroit où nous habitions à l'époque, je descendais la rue principale en direction du lieu du cours quand un petit homme vêtu d'un imperméable marron foncé m'aborda et posa la main sur mon bras.

« Votre maman veut vous parler, dit-il.

— Mais non, voyons, dis-je, l'air contrarié.

— Si, si, je vous assure, insista-t-il.

— Ma mère est morte ! lui dis-je.

— *Cela*, je le sais », dit-il.

Je le regardai plus attentivement. Il respirait le calme et la tranquillité.

« Je vais dans la même direction que vous, poursuivit-il.

— Comment savez-vous où je vais ? »

En guise de réponse, il passa devant moi, tourna dans une ruelle, puis contourna l'arrière du bâtiment où mon cours avait lieu, et trouva tout de suite la bonne porte. J'étais ébahie. Je le suivis, finalement prête à écouter ce qu'il avait à me dire.

« Votre mère me dit que vous avez le sentiment d'être face à un mur. Mais elle dit qu'il faut vous souvenir que, pour chaque porte qui se ferme, une fenêtre s'ouvre – n'oubliez pas cela. »

C'était une formule que ma mère employait souvent. J'ouvris la bouche pour le remercier du message, mais il était reparti aussi vite qu'il était venu. Certains des participants au cours vinrent à ma rencontre.

« Vous connaissez cet homme ? », dis-je en pointant le doigt dans la direction qu'il avait prise, mais aucun ne put me répondre. Personne ne le connaissait.

Je ne l'ai jamais revu, mais je crois que c'était un ange incarné, qui m'était envoyé pour me réconforter dans ces moments difficiles. En y repensant, je me souviens qu'il émanait de lui une sorte de lumière, et que j'avais eu instinctivement confiance en lui. Ce rappel des paroles de ma mère quant aux opportunités que le monde nous réserve constituait pour moi le message idéal à ce moment-là, et le fait de savoir qu'elle était présente m'a aidée – et a aidé ma fille – à reprendre le dessus.

La plupart des gens pensent que les anges n'évoluent que dans le monde des esprits, mais j'ai appris qu'il existait de nombreuses espèces d'anges. Ils sont tous passés par un grand nombre d'existences successives et, au cours de chacune d'elles, ils ont évolué de telle sorte qu'ils ont l'âme pure. Ils communiquent avec nous de diverses manières, mais toujours à bon escient, et le fait de les écouter nous permet immanquablement d'avancer dans la vie.

De nombreux anges pleins de sagesse sont venus me soutenir à différentes périodes de ma vie. Il y a d'abord eu les cinq êtres qui veillaient sur moi dans mon petit lit d'enfant, puis l'homme en costume marron que je prenais pour Dieu, puis les deux paires de mains qui m'ont sauvée au bord de cette falaise du Devon, puis le petit homme dans la rue principale de Guildford – et tant, tant d'autres encore (je vous parlerai de certains d'entre eux dans ce livre). Je suis certainement passée à côté d'un bon nombre de visites angéliques entre la période de mon adolescence et les alentours de la trentaine, époque à laquelle je m'efforçais de nier mes dons médiumniques. Comme je l'enseigne dans mes cours, la première chose à faire est d'apprendre à rester calme et silencieux, et à écouter – de sorte que votre sensibilité se développe. Or, pendant très longtemps, je n'étais pas à l'écoute.

Les anges nous rendent visite à des moments divers. En apprenant à les reconnaître, et à tenir compte de ce qu'ils ont à dire, nous pouvons vivre une vie plus heureuse, plus épanouie, et trouver le réconfort qui permet de traverser les passes difficiles. Ils peuvent même nous sauver la vie.

2

LES ANGES QUE NOUS CONNAISSONS

Une fois instauré, le lien d'amour ne se brise jamais. Quand ceux qui nous aiment meurent, ils ne sont plus jamais physiquement présents ici-bas, mais ils demeurent auprès de nous, ils veillent sur nous, et ils peuvent nous aider en cas de besoin. Ma mère ne vient m'envoyer des messages que lorsque j'ai de réels problèmes, mais je sais qu'elle est là le reste du temps, et je m'adresse à elle en pensée tous les jours.

La mort en elle-même n'est ni douloureuse ni difficile, bien que le passage de vie à trépas puisse l'être. Les gens ont peur de lâcher prise, pourtant mourir c'est rentrer à la maison, retrouver un cadre familier, un lieu où l'on a vécu avant sa dernière incarnation en date sur cette Terre. Une fois arrivé en ces lieux, vous êtes témoin, en regardant en arrière, de toute la douleur du deuil subi par votre famille, et c'est la raison pour laquelle de nombreux esprits reviennent dès que possible afin d'essayer de vous réconforter. Si quelqu'un vient me consulter peu après un deuil, l'esprit du défunt s'en tient très souvent à ces simples mots : « Dites-leur que je les aime et que tout va bien pour moi. »

Je me trouvais récemment dans un supermarché, en train de tâter des citrons pour voir s'ils étaient juteux, et au moment où j'entamais la conversation avec une femme, la voix de son mari résonna soudain dans ma tête : « Dites à Margaret qu'elle a vraiment fait tout ce qu'elle a pu, et qu'il faut qu'elle cesse de se sentir coupable. On ne pouvait rien faire de plus pour moi. »

Je me tournai vers la femme en question :

« Vous vous appelez Margaret ? demandai-je.

— Oui. »

Elle avait l'air intriguée que je connaisse son prénom.

Je transmis le message de son mari : elle était visiblement choquée.

« Oh, mon Dieu ! dit-elle. Oh, mon Dieu ! Il est décédé la semaine dernière et je me suis sentie tellement coupable, parce que j'étais sortie faire les courses et, à mon retour, il était mort. Il était atteint de sclérose en plaques depuis longtemps, et je m'occupais de lui, mais je ne m'étais pas rendu compte que la fin était si proche, et je suis sortie acheter de quoi manger. »

Elle s'est alors mise à sangloter, et nous sommes restées plusieurs minutes dans les bras l'une de l'autre, jusqu'à ce qu'elle se calme.

« Il est constamment à vos côtés, lui dis-je. Il veut que vous soyez heureuse. »

Les défunts reviennent toujours assister à leurs propres obsèques – ce n'est pas pour voir combien d'amis sont venus, ni pour vérifier si les instructions qu'ils ont laissées ont été respectées, car ces questions terre à terre ne les intéressent pas. Mais ils viennent réconforter du mieux qu'ils le peuvent ceux qu'ils laissent derrière eux.

À tous les enterrements auxquels je me suis rendue, j'ai vu le défunt. Chaque fois, sans exception aucune. Et à son enterrement, mon père était effectivement là, assis sur son cercueil – et il a bu et fumé tout au long de la cérémonie !

Mon père était militaire, son cercueil était donc recouvert du drapeau britannique, avec quelques coquelicots posés sur le couvercle – les couronnes étaient dehors, à l'entrée de l'église. Nous avions convenu, mon frère, ma sœur et moi, que je prononcerais quelques mots pendant la cérémonie religieuse, mais plus le moment se rapprochait, moins je me sentais capable d'y arriver. Mon père avait quatre-vingt-dix ans – un bel âge, tout de même – je l'avais toujours adoré, et sa mort m'affectait beaucoup. Je n'étais pas sûre de pouvoir prononcer mon petit discours sans m'effondrer, tellement j'étais anéantie, mais quand le moment fut venu, je levai les yeux et… mon père était là, assis sur son cercueil, jambes croisées – et il me fit un clin d'œil. Il avait une cigarette dans une main et une bière dans l'autre, il avait l'air calme et joyeux, et cela me donna le courage de me lancer. Je me levai et j'évoquai tout ce qu'il avait fait de bien dans sa vie, et toutes ses qualités, et dans ma tête résonnait sa voix, me disant : « Vas-y, ma fille, bravo ! »

Tout le monde n'a pas la capacité de voir des esprits à un enterrement, mais de nombreuses personnes m'ont dit avoir eu le sentiment soudain que le défunt était à leurs côtés, les serrait entre ses bras, ou les prenait par l'épaule. On peut aussi sentir le parfum que portait le défunt, ou entendre intérieurement une voix familière, et à ce moment-là on se sent soudain plus fort et capable d'affronter les événements à venir, quels qu'ils soient.

Les membres de la famille qui sont passés de l'autre côté ne vont pas forcément prêter attention à tous nos faits et gestes, mais ils savent toujours quand nous pensons à eux. Certains deviennent nos anges gardiens, et ils viendront à notre aide si nous dévions de notre chemin de vie, et vont nous réconforter et nous guider quand nous en aurons besoin. Ils peuvent entrer en communication avec nous de diverses manières, l'une des plus classiques étant de nous faire entendre leur voix.

Verrouillez les portes !

Anne était une fleuriste âgée d'environ quarante-cinq ans, qui avait sa propre boutique. Elle adorait son métier, parce qu'il lui donnait l'occasion d'exprimer sa créativité, et elle passait donc ses journées au milieu des couleurs et du parfum des fleurs, mais il lui arrivait, des semaines d'affilée, de ne s'en sortir que de justesse sur le plan financier, et elle avait parfois du mal à payer le loyer de son magasin. Voici le récit qu'elle me fit de sa rencontre avec un ange :

C'était la veille de la fête des Mères, et contrairement à l'habitude, j'avais très, très bien travaillé, quantité de clients ayant commandé des bouquets et des compositions florales à livrer à leur mère. À 18 heures, j'ai fermé le magasin, glissé tout le montant de la recette dans un sac de toile, et j'ai rejoint ma voiture pour porter le contenu du sac à la banque, dans une boîte. Je suis entrée dans la voiture, et j'ai jeté le sac de toile par terre, côté passager (où il était clairement visible), puis je me suis lancée dans les embouteillages.

J'approchais des feux d'un carrefour quand soudain j'ai eu la chair de poule, et la voix de ma mère a résonné dans ma tête, me disant : « Verrouille les portes ! Verrouille les portes ! »

Sans plus réfléchir, j'ai appuyé sur le bouton de commande centrale de verrouillage des portes, qui a fait « clic ». Quelques secondes après, un motocycliste casqué de bleu s'est précipité sur la porte côté passager, s'acharnant furieusement sur la poignée. Voyant que la portière ne s'ouvrait pas, il s'est mis à frapper la vitre si violemment qu'il allait la briser, j'en étais sûre. Heureusement, le feu est passé au vert, j'ai mis le pied au plancher, et j'ai filé à toute allure jusqu'à la banque, l'œil rivé sur le rétroviseur pour m'assurer qu'on ne me suivait pas. Arrivée au niveau de la boîte de dépôt, j'ai fait le tour du pâté de maison plusieurs fois avant d'oser sortir de la voiture, pour être bien sûre que le motard n'avait pas suivi ma trace.

J'étais très secouée. Si ce motard m'avait volé ma recette, cela aurait probablement fait capoter mon entreprise. Car j'avais besoin de cette rentrée d'argent liée à la fête des Mères pour compenser les périodes creuses du reste de l'année. Je suis convaincue que c'est la voix de ma mère qui m'a poussée à verrouiller les portes, mais elle était morte deux ans auparavant – dans ce cas, comment expliquer ce mystère ?

Anne était venue me voir en consultation, et je lui expliquai que l'incident s'était produit afin qu'elle puisse savoir que sa mère continuait à veiller sur elle. La voix était si nette, précisa-t-elle, que sa mère lui donnait l'impression d'être assise à ses côtés dans la voiture. Depuis ce jour, Anne verrouille toujours les portes quand elle va porter l'argent de sa recette à la banque.

Évidemment, tous les malheurs ne peuvent être empêchés. Si le vol de la recette n'a pas eu lieu ce jour-là, c'est que la faillite de l'entreprise d'Anne n'était pas inscrite à son programme de vie. Je continue de la voir, et son affaire tourne – certes, elle ne lui rapporte pas des fortunes, mais elle lui procure énormément de bonheur, ainsi qu'à tous ceux qui reçoivent en cadeau ses magnifiques créations.

Si la voix d'un être aimé résonne dans votre tête, vous pouvez vous demander s'il s'agit d'une réalité ou d'un effet de l'imagination, et il est parfois difficile de faire la distinction, mais la question clé consiste a se demander si, à cet instant-là, vous étiez en train de penser à cette personne ou à quelque chose qui lui était lié. Si tel n'est pas le cas, et que la voix semble surgir de nulle part, il s'agit alors vraisemblablement d'un message émanant du monde des esprits.

Randonnée dans les Blue Mountains

Le moment de notre mort est prévu d'avance, en fonction d'un plan établi avant notre entrée dans cette existence. Par exemple, une personne peut être destinée à mourir d'un cancer à quatre-vingt-trois ans, alors qu'une autre est censée partir à vingt ans dans un accident de voiture.

L'idée que l'heure de notre mort soit pré-programmée est un concept assez étrange à intégrer. Nous avons tous vécu un grand nombre d'existences diverses, et nous devons, au cours de chacune d'entre elles, en tirer des leçons spécifiques afin de permettre à notre âme d'évoluer. On revient chaque fois dans un contexte propice à l'apprentissage de la leçon spécifique qui nous est impartie, et la vie durera le temps nécessaire pour que l'on y parvienne. Par exemple, il se peut que l'on doive apprendre à faire preuve de compassion envers les autres, ou à ne pas accorder une telle importance aux biens matériels, ou encore à exprimer sa créativité. Il y a toutes sortes de leçons à apprendre.

Les anges gardiens peuvent intervenir si vous vous écartez de votre but, ou si vous éprouvez des difficultés à surmonter un problème qui doit être dépassé –, ou bien encore si votre existence est susceptible d'être interrompue de manière inattendue.

Leurs avertissements peuvent nous aider à éviter une mort prématurée – à condition toutefois que l'on y soit attentif.

Un homme de ma connaissance reçut un avertissement alors qu'il faisait une randonnée dans les Blue Mountains, au nord de Sydney, en Australie.

J'étais parti, en compagnie de deux amis, faire une promenade pédestre dans le bush, *et l'office de tourisme nous avait fourni tous les renseignements utiles concernant l'itinéraire à suivre et les dangers à éviter en chemin. On nous avait même donné un petit fascicule avec les photos des animaux dangereux, tels que serpents et araignées, que nous étions susceptibles de croiser, assorties de la précision rassurante selon laquelle les serpents s'efforcent d'éviter tout contact humain. S'ils entendent des bruits de pas à proximité, ils filent se cacher dans un trou ou au creux du buisson le plus proche. C'est pour cette raison que l'on vous conseille de faire le plus de bruit possible quand vous marchez dans une zone de végétation dense.*

Vus de loin, les massifs de grès ont des tonalités bleutées et, la piste que nous suivions offrait un panorama spectaculaire. C'était une journée claire et ensoleillée, et au bout d'un parcours d'environ trente kilomètres, nous avons décidé de faire halte pour la nuit dans une zone relativement plate et abritée. Nous avons ramassé du bois mort, fait un feu, et posé en équilibre sur les branchages notre bouilloire pour préparer du thé. Nous avions emporté du pain et du fromage, de la viande froide et des fruits, et quand la lumière s'est mise à baisser, j'ai apprécié la présence du feu.

Nous étions assis là, à boire notre thé, à manger et à discuter de notre journée. Je m'apprêtais à me lever pour satisfaire un besoin naturel quand j'ai soudain entendu la voix de mon père résonner dans ma tête, aussi nettement qu'un son de cloche, et me dire : « Ne bouge pas ! » Je restai figé, sous le choc, à l'écoute de cette voix – car mon père était mort d'un cancer l'année précédente. Nous étions très proches, et c'était lui, en fait, qui m'avait initié aux joies du trekking dans le bush.

À cet instant, un léger mouvement dans l'herbe, à quelques centimètres de ma jambe allongée, attira mon attention. Un serpent de couleur brune glissait vers moi, si bien camouflé par la végétation sèche que je ne l'avais pas remarqué – jusqu'à cette seconde. Il était trop tard pour me lever d'un bond et prendre la fuite, car j'étais dans son rayon d'attaque.

Mon cœur battait la chamade tandis que j'essayais de me rappeler les photos du fascicule touristique. Un serpent de couleur uniformément marron était-il venimeux ? Je sentais les gouttes de sueur perler sur mon visage. Mes amis, tournés dans la direction opposée, absorbés par la contemplation du coucher de soleil sur les collines, n'avaient pas la moindre idée de la situation dans laquelle je me trouvais. Quand le serpent a commencé à passer par-dessus ma jambe nue, la prenant sans doute pour une branche morte, je n'ai pas osé crier pour les prévenir, je n'osais plus respirer.

L'injonction de mon père « Ne bouge pas ! », résonnait encore dans ma tête, et je me suis senti étonnamment calme au contact froid et rugueux de la peau du serpent contre la mienne.

Il mesurait environ un mètre de long, et il ne lui a sans doute pas fallu plus de trente secondes pour franchir l'obstacle que constituait ma jambe, mais ces secondes m'ont paru plus longues que des secondes normales, comme si le temps était en suspens. Après son passage, le serpent s'est enfoncé dans les buissons sans un regard en arrière.

Une fois assuré de son départ, j'ai attrapé mon sac à dos et vérifié dans le fascicule de l'office de tourisme le chapitre « Serpents », et j'ai tout de suite repéré la photo de celui que je venais de rencontrer. La légende disait : « Le serpent brun dit "oriental" est le deuxième dans l'ordre des serpents les plus venimeux au monde. Ces serpents n'attaquent pas spontanément mais, en cas de morsure, leur venin est extrêmement toxique et peut entraîner la mort dans les deux heures. Ils réagissent aux mouvements, donc si vous vous trouvez à proximité de l'un d'entre eux, restez parfaitement immobile et il vous ignorera. »

Le conseil de mon père, m'enjoignant de ne pas bouger, m'avait sans nul doute sauvé la vie. J'avais la bouche si sèche et la gorge si serrée qu'il me fallut un certain temps avant de pouvoir dire à mes amis ce qui s'était passé. Mais je me suis senti réconforté à l'idée que mon père continuait à me protéger, comme lorsque j'étais enfant. Cette expérience a été pour moi un authentique événement spirituel.

Le ferry manqué

Pour que le message passe, l'intervention d'un seul ange ne suffit pas toujours. Une femme du nom de Marjorie m'a raconté comment elle et sa famille avaient échappé de justesse à la mort au cours de leurs vacances, en mars 1987.

Mon mari et moi avions emmené nos deux enfants, âgés de huit et dix ans, faire du camping aux Pays-Bas. Nous avions joué les parfaits touristes, faisant halte dans différents terrains de camping, et explorant la campagne et ses charmants paysages. Nous avions loué nos places de ferry pour le retour. Le jour prévu, nous nous sommes mis en route pour rejoindre le port, mais j'entendis une voix me dire : « Ne vous pressez pas. Prenez votre temps. » On aurait dit la voix de ma mère (qui était décédée), mais n'ayant jusqu'alors jamais eu d'expérience médiumnique, je n'y ai pas prêté attention.

« Nous sommes très en avance, ai-je dit à mon mari. Et il n'y a jamais rien à faire au terminal du ferry. » Nous étions alors en train de traverser une ville qui avait l'air très belle. « Pourquoi ne pas s'arrêter là, faire un petit tour, manger quelque chose et repartir dans une heure ? »

Il pensait, lui aussi, que c'était stupide de se précipiter au terminal, pour ensuite rester à attendre une éternité dans un décor de béton. Nous avons donc garé la voiture, et arpenté les jolies rues de la ville, faisant du lèche-vitrines et admirant les fleurs printanières dans les jardins. Puis nous nous sommes installés dans un café pour déjeuner, mais à peine avions-nous passé commande que soudain la salle s'est retrouvée bondée, ce qui a eu pour effet de ralentir considérablement le service. Mon mari n'arrêtait pas de regarder sa montre : le repas fini et la note réglée, il montrait des signes palpables de nervosité.

Nous avons quitté le café pour regagner la voiture, mais, en arrivant au coin de la rue, nous sommes tombés sur un attroupement qui s'était formé au carrefour. Que s'était-il donc passé ? En nous approchant, nous avons vu un vieux monsieur allongé sur la chaussée, tout près de notre voiture, avec une vilaine fracture à la jambe. L'os était visiblement cassé, la jambe restait pliée dans une position bizarre, et ce spectacle m'a donné la nausée. Il gémissait doucement, tandis qu'on lui glissait sous la tête une veste roulée en boule en guise d'oreiller. Je n'arrivais pas à comprendre ce que disaient les badauds, et j'ignorais s'il s'était fait renverser ou s'il avait fait une mauvaise chute, mais nous ne pouvions pas dégager notre voiture et repartir : il fallait attendre que l'ambulance vienne emmener le vieil homme.

Au bout de quelques minutes, l'ambulance est arrivée, gyrophares allumés, mais il a fallu du temps aux ambulanciers pour examiner le vieux monsieur, toujours allongé par terre. Ils lui ont posé un masque à oxygène, puis ont vérifié sa respiration et fixé des attelles à sa jambe. À cette époque, nous n'avions pas de téléphones portables, mon mari s'est donc rendu dans une cabine téléphonique pour appeler le terminal du ferry et prévenir de notre retard. Il baragouinait quelques mots d'allemand, et il espérait pouvoir se faire comprendre, mais il n'a pas réussi à trouver un interlocuteur capable d'interpréter ce qu'il disait.

Finalement, on a hissé le vieux monsieur dans l'ambulance, et nous avons pu sauter dans notre voiture et filer en direction du port, mais il ne nous restait plus que quarante minutes pour atteindre Zeebrugge – et nous étions à environ une heure de distance... Mon mari a eu beau accélérer au maximum et faire de son mieux pour arriver à l'heure, nous sommes arrivés au terminal juste à temps pour voir le ferry prendre le large dans un grand bruit de moteurs...

« Il vient juste de partir ! dis-je d'un ton plaintif. Regarde, les portes arrière ne sont même pas encore fermées. »

Démoralisés, nous sommes retournés au guichet où nous avons trouvé quelqu'un qui parlait anglais, et qui nous a expliqué que tous les ferrys étaient complets pour le reste de la journée, et que nous ne pourrions repartir que le lendemain matin. Il ne nous restait plus beaucoup d'argent, mais ne sachant pas où trouver des campings dans les environs de Zeebrugge, nous sommes partis à la recherche d'un petit hôtel aux tarifs raisonnables et, l'ayant trouvé, nous y avons fait étape pour la nuit.

Nous étions tous à court d'idées pour occuper le temps de vacances qui nous restait. Je me souviens avoir entendu des sirènes de police et d'ambulance en grand nombre, et m'être demandé s'il s'agissait d'un exercice de sécurité. Une femme pleurait dans le hall de l'hôtel mais, ne parlant pas le néerlandais, j'étais dans l'impossibilité de m'enquérir de ce qui n'allait pas.

Nous sommes allés nous coucher de bonne heure en prévision du départ du lendemain, et j'ai le souvenir d'avoir vu, en passant devant la vitrine d'un marchand de journaux, la photo d'un ferry en première page. Ce n'est qu'en arrivant au port d'embarquement que je me suis rendu compte que des cordons de policiers en bloquaient l'accès. Nous sommes sortis de la voiture pour demander ce qui se passait.

« Comment, vous n'êtes pas au courant ? dit un responsable. Le Herald of Free Enterprise *a coulé hier en quittant le port.*

— Mais nous aurions dû être à bord ! me suis-je écriée, et j'ai senti mon visage devenir exsangue.

— Dix autres passagers l'ont raté comme vous », me dit-il.

Le récit de toute l'histoire m'a profondément choquée. Cent quatre-vingt-treize personnes sont mortes à bord de ce ferry et, si nous l'avions pris, le chiffre aurait pu être de cent quatre-vingt-dix-sept. Ces portes arrière dont j'avais remarqué qu'elles n'étaient pas fermées avaient permis à l'eau de s'engouffrer et provoqué le naufrage peu après le départ du ferry. Je me suis alors souvenue de l'appel de ma mère : c'est elle, j'en suis sûre, qui nous a sauvés ce jour-là. Sa suggestion de « prendre notre temps », portée par sa voix, s'est insinuée dans ma tête, et a sauvé ma famille d'une affreuse tragédie, d'une horrible noyade. Chaque fois que j'y repense, cela me bouleverse, et l'aide que nous avons reçue suscite en moi une immense gratitude.

Je crois que plusieurs anges se sont mis à l'œuvre ce jour-là pour sauver la famille de Marjorie. Bien sûr, il y a eu sa mère, mais aussi les anges qui ont fait affluer les clients au café, afin de les mettre en retard, ensuite l'accident du vieil homme, provoqué par un ange de manière à remplir une finalité spécifique de son existence. L'heure n'était pas venue pour eux, tout simplement, et ils n'étaient pas censés être à bord de ce ferry.

La moto à bandes rouges

Les mères et les pères ne sont pas les seuls à être susceptibles de revenir pour nous prévenir d'un danger. Tout parent dont on se sent proche peut être porteur d'un message d'avertissement. J'ai même entendu parler d'arrière-grands-parents n'ayant jamais rencontré dans la vraie vie le destinataire du message ; mais, dans ces cas-là, le « messager » était le plus souvent un personnage bien connu dans la famille et dont l'histoire était familière à tous.

Une femme que je connais bien reçut un jour, à l'intention de son fils, un message de sa grand-mère. Peut-être celui-ci n'avait-il pas capté le message, d'où le rôle d'intermédiaire dévolu à sa mère, en tout cas voici comment les choses se sont passées.

Une nuit, Sarah avait fait un rêve très perturbant. Elle avait vu rouler sur le sol, près d'une moto à la carrosserie striée de bandes rouges couchée par terre sur le flanc, la tête décapitée d'un jeune homme portant un casque de moto. Et, dans ce rêve, la voix de sa grand-mère lui disait : « Ne l'achète pas. Surtout, ne l'achète pas. »

L'après-midi suivant, son fils Nicolas, âgé de vingt ans, passa prendre le thé chez elle, l'air très content de lui.

« Je viens de verser un acompte pour l'achat d'une moto, dit-il. Ça fait des éternités que j'en avais envie, et celle-ci est parfaite, et à un prix raisonnable.

Sarah se figea.

— Elle n'aurait pas des bandes rouges, par hasard ?

Il eut un regard d'étonnement.

— Mais comment sais-tu ça ? »

Elle lui raconta son rêve et le supplia de ne pas acheter la moto. La plupart des garçons de cet âge n'auraient pas écouté leur mère sur la foi d'un rêve, mais Nicolas était un garçon très sensible et quelque chose à propos de ce rêve fit écho en lui. Il avait lui-même récemment fait plusieurs rêves, des rêves assez flous, dont le souvenir lui échappait le matin au réveil, mais qu'il avait perçus comme des avertissements.

« Je ne peux pas me permettre de perdre mon acompte, dit-il, mais je vais voir ce que je peux faire.

— Ne t'inquiète pas, dit Sarah, je te rembourserai la somme si tu me promets de ne pas acheter la moto. »

Elle n'eut pas à le faire, car Nicolas trouva, parmi ses amis, quelqu'un que l'affaire intéressait. Son ami Greg lui dit qu'il était ravi de l'opportunité, et que c'était exactement le genre de moto qu'il cherchait.

Et, un mois après avoir pris possession de la moto, Greg fut tué dans un accident, en raison d'un défaut dans une pièce jouant un rôle essentiel dans le fonctionnement de l'engin.

Nicolas fut ravagé de chagrin et de culpabilité pendant un certain temps, et sa mère vint me voir pour en parler. Je lui expliquai que l'heure de la mort était venue pour Greg, et pas pour Nicolas, et que personne n'était à blâmer. Même si nous n'avons jamais envie de voir quoi que ce soit de fâcheux arriver à ceux que nous connaissons, la loi de l'univers veut que vienne un jour le moment où il faut quitter son corps, et les circonstances qui se présentent alors contribuent toujours à aider notre âme à accomplir ce voyage.

Il incombe à présent à Nicolas de comprendre pourquoi il a eu la vie sauve. Il y a forcément une finalité à cela, à moins que ce soit le signe d'une mission qu'il a à accomplir, et il doit s'efforcer de découvrir ce qu'il en est, et de bien vivre le reste de sa vie. Sarah m'a dit qu'il s'était mis à parler à sa grand-mère, à lui demander conseil, ce qui est une idée formidable. Je suis sûre qu'il va vivre désormais une existence qui vaudra vraiment la peine d'être vécue.

Une installation électrique douteuse

Celui ou celle qui devient votre ange gardien n'a pas forcément de liens de parenté directs avec vous. Les enfants adoptés qui ont été aimés peuvent se retrouver, plus tard dans la vie, sous la protection d'un parent adoptif. Même si par la suite vous vous brouillez avec vos parents, l'amour qu'ils ont eu pour vous dans votre enfance reste fondamental. Des frères et sœurs, des amis proches, votre compagnon ou votre compagne peuvent, après leur mort, devenir votre ange gardien, et ils le resteront tant que vous aurez besoin d'eux. Ceux qui sont passés dans le monde des esprits et qui vous aiment n'entameront pas une autre vie tant que vous serez encore de ce monde, et que leur soutien pourra vous être nécessaire. C'est leur choix, pas le vôtre.

Après un deuil, j'ai souvent entendu certains expliquer aux personnes endeuillées qu'elles devaient « lâcher prise » et « poursuivre leur chemin », mais c'est une erreur, car ce ne sont pas elles qui s'accrochent. Les défunts restent délibérément à nos côtés, pour nous aider à surmonter cette période de manque, et ils savent toujours choisir le moment opportun pour continuer leur chemin.

Kurt est un acteur qui partage son temps entre New York et Los Angeles. Chaque fois que je suis de passage dans l'une de ces deux villes, il vient me consulter. Voici l'histoire qu'il m'a racontée.

J'étais dans ma caravane un matin, et j'attendais que l'on m'appelle sur le plateau. J'étais assez nerveux, parce que c'était le premier jour de tournage, et quel que soit le nombre de films auxquels on a participé, le premier jour est toujours éprouvant pour les nerfs. De plus, j'avais accepté de faire deux cascades sans être doublé, et ce matin-là je devais sauter d'un bâtiment à un autre, assuré par un filin de sécurité. Mon maquillage était terminé, et je n'avais pas énormément de répliques à mémoriser, mais je ne cessais de répéter mentalement la séquence d'action en essayant d'en faire un geste naturel, pour que le metteur en scène n'ait que le minimum de prises à faire.

J'entendis soudain la voix de mon frère – une voix d'enfant – résonner dans ma tête. Il était mort de méningite à l'âge de six ans ; j'en avais quatre à l'époque, mais j'ai pourtant gardé de lui un souvenir très vivace. Ce matin-là, sur le plateau, je ne songeais pas du tout à mon frère, et voilà soudain cette voix dans ma tête qui dit : « L'électricité », et « Attention ! » Cela m'a fait froid dans le dos et j'ai eu l'impression que quelque chose frôlait ma peau, devenue hypersensible. Je savais qu'il fallait prendre la chose au sérieux.

J'allai trouver l'assistant du réalisateur et je lui demandai s'il pouvait vérifier l'installation électrique.

« Tout a été vérifié, me dit-il, content de lui, tout est OK. Tout va bien.

— Je ne voudrais pas passer pour un emmerdeur, dis-je, mais pourriez-vous tout de même revérifier ? J'ai l'impression qu'il y a quelque chose qui cloche du côté de l'installation électrique. »

Je ne mentionnai pas mon frère, parce que je ne voulais pas que l'on me colle une réputation de type complètement cinglé. En fait, je prenais un risque en leur demandant de tout revérifier, parce que sur un plateau de tournage, le temps c'est de l'argent, et il y a toujours d'autres acteurs n'attendant qu'une chose : prendre votre place... L'assistant fit appeler le cascadeur en charge de la coordination et il accepta de tout revérifier pour moi.

« Oh, mon Dieu ! » Le cri venait du haut du bâtiment d'où je devais sauter.

— Qu'est-ce qui se passe ? »

Le coordinateur des cascades et moi – sur ses talons – nous sommes précipités en haut du bâtiment pour en savoir plus.

« Un projecteur est tombé sur le filin de sécurité, qui n'a pas été suffisamment recouvert de sacs de sable isolants. »

Les deux hommes se sont regardés, ont blêmi, puis ils se sont tournés vers moi.

« Que serait-il arrivé si l'on ne s'en était pas aperçu ? ai-je demandé d'une voix qui se voulait ferme.

— Le filin de sécurité n'aurait pas fonctionné au moment du saut, et en plus vous risquiez d'être électrocuté. »

Autrement dit, je serais mort.

Kurt est venu me demander de lui expliquer comment son frère, mort à l'âge de six ans, avait pu être informé du fonctionnement des filins de sécurité. Je lui dis qu'après sa mort son frère n'était plus un enfant, mais un pur esprit. Il voyait donc ce qui allait mal tourner, et il avait sauvé son frère Kurt, parce qu'à ce moment-là son heure n'était pas venue. Depuis, le frère de Kurt est entré plusieurs fois en contact avec lui lors de consultations, et Kurt suit ses conseils dans toutes sortes de domaines. Vous feriez de même, n'est-ce pas, si vous l'aviez échappé belle, à l'exemple de Kurt ?

Après un accident

Un de mes amis m'a parlé d'un autre incident au cours duquel un enfant a endossé le rôle d'ange gardien afin de sauver une vie. Harry, chauffeur de taxi, avait perdu sa petite fille à la suite d'une forme rare de cancer, alors qu'elle n'avait que sept ans. Trois ans plus tard, son taxi fut impliqué dans un carambolage en série sur une autoroute.

Voyant qu'il y avait un accident plus loin sur l'autoroute, j'ai freiné à mort, et j'ai réussi à stopper avant de percuter les voitures impliquées dans l'accident. Mais, à peine immobilisé, j'ai senti un énorme choc à l'arrière, qui m'a projeté contre les deux voitures qui se trouvaient devant moi. Le monde a alors basculé dans le noir.

Un visage est soudain apparu au cœur de ces ténèbres, et, en concentrant mon attention, je me suis rendu compte que c'était celui de ma fille Jasmine. Elle était superbe avec sa chevelure blonde aux reflets d'or et son beau sourire. Elle me parlait, mais il m'a fallu un moment pour saisir ses paroles.

« Papa, l'heure de ta mort n'est pas venue. Appelle à l'aide. »

Je n'ai pas tout de suite compris ce que voulaient dire ces mots, elle les a donc répétés. C'est à ce moment-là que je me suis souvenu de l'accident Elle avait peut-être raison. Peut-être fallait-il appeler à l'aide. Mais ce que je voulais surtout, c'était rester auprès d'elle.

« Appelle à l'aide, papa ! », m'a-t-elle de nouveau ordonné, et cette fois-ci, j'ai obéi.

À la première tentative, ma voix était très faible, et quelque peu pathétique, mais j'ai recommencé, et j'ai soudain entendu des voix percer l'obscurité.

« Je crois que celui-ci vit encore, disait une voix. Je suis sûr de l'avoir entendu essayer de parler. »

Puis j'ai entendu une autre voix. « Je sens son pouls. Il est faible, mais perceptible. Vous m'entendez, monsieur ? »

Je voulais dire « oui », mais je n'en avais pas la force. J'étais vaguement conscient de ce qui se passait tandis que l'on s'efforçait de me désincarcérer de la carcasse de mon taxi, puis on m'a transporté sur une civière et emmené à l'hôpital. Je n'avais pas envie de revenir à l'état de pleine conscience car, pendant tout le temps où je n'étais qu'à demi conscient, je sentais la présence réconfortante de ma fille à mes côtés.

Lorsque je suis revenu à moi pour de bon, on m'a expliqué que les ambulanciers m'avaient dans un premier temps laissé pour mort. Ils ne m'auraient pas réanimé s'ils n'avaient pas entendu un faible murmure s'échapper de mes lèvres. Ma fille Jasmine m'a sauvé la vie ce jour-là en m'incitant à lancer cet appel de détresse.

J'ai eu Harry au téléphone après avoir eu vent de cette histoire, et je lui ai expliqué que Jasmine était auprès de lui en permanence, et pas seulement quand il était en danger. Elle est auprès de lui quand il est au volant de son taxi, quand il regarde la télévision à la maison, et même quand il dort. Le fait qu'il ne puisse pas la voir ne veut pas dire qu'elle n'est pas là, et il peut lui parler chaque fois qu'il en a envie. Et quand viendra pour lui le moment de mourir, elle sera là, à l'attendre, prête à l'emmener de l'autre côté.

Son heure n'était pas venue

Les infirmières sont constamment au contact de la mort, et elles sont souvent très sensibles à tout le processus qui l'accompagne. Quand elles prennent leur service le matin, elles savent fréquemment de manière intuitive quels sont les patients qui vont mourir ce jour-là. Si elles ne sont pas trop débordées, elles savent quand il faut appeler la famille pour venir dire adieu à celui qui s'en va, et si le temps manque pour cette démarche, elles veillent elles-mêmes le mourant dans ses derniers moments, le tenant par la main lorsqu'il rend paisiblement son dernier soupir. La plupart des infirmières ont un haut niveau spirituel et une conscience très affinée qui les aide a capter les messages de l'au-delà. Voici l'histoire d'une infirmière qui fut réellement bouleversée par l'intervention d'un ange.

J'avais préparé tous les patients pour la nuit et je m'apprêtais à me rendre dans la salle de garde des infirmières pour boire un café quand j'aperçus un homme dans la zone de soins. Je fis demi-tour pour aller lui parler, mais le temps de le rejoindre, il n'était déjà plus là. La lumière était basse, je repartis donc chercher mon café, sans y prêter plus d'attention.

Une demi-heure plus tard, je vis le même homme debout près du lit d'une de mes patientes, à l'autre bout de la salle. Je partis dans cette direction et, en m'approchant, je me rendis compte qu'il devait s'agir d'un esprit parce que ses traits étaient flous et il baignait dans une sorte de halo lumineux. Son visage avait une expression merveilleuse, tandis qu'il regardait la vieille dame alitée.

« C'est votre femme ? demandai-je.

— C'est ma bien-aimée », répondit-il, et je fus frappée par cette expression passée de mode.

Je regardai la dame allongée dans le lit et m'aperçus qu'elle respirait à peine. J'actionnai le bouton d'appel, une collègue arriva tout de suite et nous essayâmes de la réanimer. Avant même que le médecin de garde n'arrive, son rythme cardiaque était redevenu normal, et il nous dit que nous avions certainement sauvé la vie de cette femme.

En en reparlant plus tard avec ma collègue, nous sommes toutes deux tombées d'accord pour dire que le « bien-aimé » de cette femme s'était rendu visible pour nous faire réagir. C'est lui qui lui avait sauvé la vie, pas nous. Cela m'a été d'un grand réconfort, car j'ai perdu ma mère à l'âge de quatorze ans et j'ai toujours eu depuis l'impression qu'elle me protégeait – cet incident m'a fourni la preuve dont j'avais besoin.

Si vous avez l'impression qu'un être cher vous protège et se comporte en ange gardien, c'est que c'est vrai. D'après vous, lequel de vos amis ou parents veille sur vous en esprit ? Je suis sûre que vous en avez une idée précise, parce qu'ils vous le font toujours savoir en vous donnant ces « impressions » les concernant. Ces « impressions » sont la manière dont ces êtres chers vous signalent leur présence. De même qu'ils peuvent faire résonner des paroles à l'intérieur de votre tête, ils peuvent susciter des « impressions » et des émotions. Comme nous allons le voir, ils peuvent même vous passer un bras autour des épaules.

Un avertissement

La plupart des témoins disent avoir entendu la voix de leur ami ou parent lors d'une intervention de l'au-delà mais certains « sentent » également leur présence. Cela relève de la mémoire sensorielle, comme les sensations du fœtus dans le sein maternel. Vous pouvez sentir un contact aussi léger qu'une plume sur votre visage, le poids d'une main sur votre épaule, ou un frisson qui parcourt toute votre peau. De nombreuses personnes ont dit avoir senti un bras leur entourer les épaules dans les moments difficiles, après quoi elles ont été submergées par la très forte impression que tout allait bien se passer. Si l'ange est un être qu'elles ont connu ici-bas, la personne en question peut être morte depuis trois jours ou depuis trente, voire quarante ans, elles sentent intérieurement de qui il s'agit. Vous n'entendez pas forcément sa voix : ce n'est parfois que ce que j'appelle un « savoir intérieur ».

Les purs esprits sont omniprésents. Le corps physique ne les entrave plus, ils peuvent donc être auprès de vous au travail, en voiture, et à l'école auprès de votre enfant, veillant ainsi sur tous les membres de la famille en même temps.

Nos anges gardiens peuvent venir nous réconforter, ou nous prévenir d'un danger. Parfois le message a la clarté du cristal, à d'autres moments c'est un simple conseil général nous exhortant à la prudence, comme dans l'histoire de Donna, que voici :

J'étais dans la cuisine, en train de faire la vaisselle, sans penser à rien de particulier, quand j'ai soudain eu l'impression que ma mère était là, et j'ai pris un torchon propre que je lui ai tendu pour qu'elle essuie la vaisselle. Et je me suis arrêtée net : mais qu'est-ce que je faisais là ? Ma mère était morte depuis quinze ans !

Mon cerveau m'a déjà joué des tours (en tout cas, c'est ce que j'ai pensé) dans le passé – par exemple, je suis occupée à une tâche quelconque, et soudain une pensée me traverse l'esprit : « Appelle ta mère. Ça fait un bon moment que tu ne lui as pas parlé. » Et je me dis : « Ah oui, il faut que je le fasse » avant de me souvenir qu'elle est morte et que je ne peux plus l'appeler.

Mais ce jour-là dans la cuisine, l'impression de sa présence était si forte que j'ai tout de suite su que quelque chose ne tournait pas rond. J'ai lâché le torchon et j'ai appelé mon mari à son travail.

« Est-ce que tu vas bien ? lui ai-je demandé.

— Mais oui, pourquoi veux-tu que j'aille mal ? », m'a-t-il dit.

J'ai appelé l'école pour vérifier si tout allait bien du côté de notre fils, et l'on m'a dit qu'il n'y avait pas de problème, mais j'avais toujours l'impression qu'il fallait faire très attention.

Le lendemain matin, un samedi, nous devions aller tous les trois faire des courses et nous étions pressés de partir, mais j'avais toujours conscience de cette sensation étrange de malaise. J'étais en train de faire marche arrière entre notre garage et la rue quand soudain mon mari a hurlé « Stop ! », et j'ai freiné à mort.

Juste à ce moment-là, un camion, déboulant à toute allure dans la rue, a fracassé l'arrière de notre voiture, dans un horrible bruit de tôle froissée – mais nous étions indemnes. Ce n'est qu'en sortant pour constater les dégâts que je me suis rendu compte que, si je n'avais pas freiné à temps, le camion nous aurait heurtés au niveau des sièges arrière – là où notre fils avait pris place. C'est alors que je regardai le siège du passager, où se tenait mon mari : d'où il était, il ne pouvait absolument pas avoir vu venir le camion.

« Pourquoi as-tu crié : "Stop !" ?, lui ai-je demandé. Je n'en ai pas la moindre idée, a-t-il dit. Je n'ai pas agi consciemment. Les mots me sont juste sortis de la bouche. »

J'ai alors compris que ma mère était revenue pour nous prévenir de faire attention, et son intervention a probablement sauvé la vie de notre fils. Depuis, chaque fois que l'idée de l'appeler me traverse l'esprit, je m'assois dans un endroit tranquille et je lui parle intérieurement. Elle cherche à me contacter, et j'ai au moins appris à l'écouter.

Je crois que non seulement la mère de Donna lui a mis en tête l'idée de faire attention, mais qu'elle a aussi mis dans la bouche de son mari le mot « Stop ! » Elle ne voulait pas prendre le moindre risque concernant la sécurité de sa famille bien-aimée.

Les pères ont toujours raison

Dans l'exemple qui suit, une certaine Margaret, qui vit dans la région des Lacs, au nord-ouest de l'Angleterre, fut sauvée d'une horrible mort accidentelle grâce à l'intervention de son père.

J'emmenais mes deux petits garçons à l'école un matin de mars, et le froid était mordant. Nous étions chaudement vêtus, mais la neige fondue nous piquait le visage. Nous nous sommes arrêtés en route pour acheter le journal et un paquet de chips pour chacun des deux garçons. C'est avec soulagement que nous avons retrouvé la chaleur de l'école, mais il me fallait ensuite affronter le trajet de retour. Je décidai de rentrer en bus, et, après avoir attendu à l'arrêt très longtemps, en vain, je me rendis compte que j'allais devoir rentrer à pied.

En face de la boutique de journaux, de l'autre côté de la route, il y avait un pré où paissaient des agneaux encore tout petits. Je décidai d'aller les voir de plus près, inquiète de savoir comment ils résistaient à ces températures polaires. J'allais descendre du trottoir quand j'ai entendu la voix de mon père me souffler dans l'oreille droite : « Va acheter le journal ». Mon père était mort douze ans auparavant. J'ai hoché la tête – tout cela était stupide. Un journal, j'en avais déjà un – celui que j'avais acheté peu de temps auparavant. Ne tenant aucun compte de la voix, je posai le pied sur la chaussée pour traverser.

La voix a alors pris un ton courroucé : « Tu fais ce que je te dis, oui ou merde ? Va acheter le journal ! »

Je n'avais jamais tenu tête à mon père de son vivant, et ce n'était pas maintenant qu'il était mort que j'allais m'y mettre, je fis donc volte-face et retournai chez le marchand de journaux. À peine avait-il sorti du présentoir un exemplaire du Daily Mail qu'un grand crissement de freins a résonné au-dehors, suivi d'un fracas métallique assourdissant.

Le marchand de journaux et moi sommes sortis précipitamment du magasin, et nous nous sommes retrouvés devant un camion qui avait patiné : il y avait à l'arrière du camion des barrières métalliques empilées les unes sur les autres qui, brisant les cordages qui les retenaient, étaient tombées sur le trottoir juste à l'endroit d'où j'allais m'approcher pour regarder les agneaux. J'étais très secouée ; je me suis assise sur le trottoir – neige fondue ou pas. Papa m'avait sauvé la vie.

Quand les battements de mon cœur se sont calmés, je suis rentrée dans la boutique pour payer mon Daily Mail. De retour à la maison, quand je l'ai ouvert, j'ai trouvé entre les pages une plume blanche : j'ai su instinctivement qu'il s'agissait d'un signe de mon papa pour me confirmer sa présence.

Il est tout à fait commun de trouver une minuscule plume blanche après la visite d'un ange. C'est une sorte de petite carte de visite en provenance de l'autre côté.

L'odeur de fumée

Certaines personnes disent avoir senti un parfum semblable à celui que portait leur parent – par exemple, une odeur d'eau de lavande, qui était le parfum préféré d'une grand-mère, ou l'odeur d'une fleur que votre mère aimait tout particulièrement. Une dame prénommée Jane m'a raconté l'histoire suivante concernant la façon dont son père lui avait fait savoir qu'il était toujours là, tout près.

Je venais de me séparer de mon mari et de m'installer dans un logement indépendant, c'était donc une période difficile pour moi. Un dimanche après-midi, je faisais du rangement quand j'ai senti tout à coup une odeur familière de cigare. C'était exactement celle des cigares que fumait mon père le dimanche après le déjeuner – mais cela faisait trois ans qu'il était mort.

Je me suis assise et je me suis mise à renifler : l'odeur devenait de plus en plus forte. J'ai su tout à coup que papa était là avec moi dans la pièce. J'ai pleuré un petit peu, puis je lui ai parlé, lui expliquant ce qui s'était passé dans ma vie. Et je savais instinctivement qu'il n'était pas nécessaire de parler à voix haute – je pouvais lui dire les choses mentalement. Le fait de sentir sa présence m'a été d'un grand réconfort et m'a vraiment remonté le moral.

Quand l'odeur de fumée a commencé à se dissiper, j'ai dit : « Papa, je t'en prie, reviens me voir. Viens aussi souvent que tu peux. »

À partir de ce jour-là, j'ai senti l'odeur de son cigare tous les dimanches après-midi, à peu près à la même heure, et chaque fois je me suis assise pour lui parler en esprit. Cela m'a beaucoup aidée dans cette période difficile, et un jour j'en ai parlé à l'une de mes amies.

« Et si je passais chez toi, pour voir si je sens l'odeur ? », m'a-t-elle demandé, et j'ai acquiescé.

Le dimanche suivant, elle est venue chez moi avec une autre amie. L'une a tout de suite dit : « Oh, mon Dieu, je sens l'odeur, c'est incontestable ! »

L'autre était plus dubitative. « Je crois que je la sens aussi », a-t-elle dit, en humant l'air.

Et puis elle a soudain crié : « Oh là là ! Je crois qu'il vient de me souffler une bouffée de fumée en plein visage ! »

Je savais qu'il était là en train de me donner la preuve absolue de sa présence à mes côtés. Je n'ai jamais senti aucune odeur de cigare les autres jours de la semaine, mais tous les dimanches après-midi, elle était là. J'ai posé à mon père des tas de questions sur toutes sortes de sujets, et j'entendais ses réponses dans ma tête et dans mon cœur.

Je trouve très touchant que le père de Jane ait choisi de lui manifester sa présence à une époque de sa vie où elle avait vraiment besoin d'un soutien. Il l'a aidée à traverser des jours difficiles et à retrouver le goût de vivre.

L'ange libérateur

Nous partons du principe que nos parents vont mourir avant nous. C'est dans la logique des choses, mais le fait que l'un de vos enfants meure avant vous semble tout à fait anormal, c'est comme si le monde tournait à l'envers. De nombreux clients viennent me voir pour la première fois lorsqu'ils peinent à comprendre comment un tel événement est possible, et pourquoi cela leur est arrivé. J'arrive à les réconforter en leur expliquant ce que je sais et en contactant à leur intention leur enfant disparu.

Après un événement aussi choquant que la mort d'un enfant, il est humain de chercher un coupable, de rendre responsable du décès un chauffeur ivre, un médecin surmené, un circuit électrique défaillant, ou que sais-je encore. Mais imaginez la situation quand l'un de vos enfants met fin à ses jours. Qui blâmer dans ce cas ? Dans le cas de Stella, c'est elle-même qu'elle blâmait.

Josh avait vingt-trois ans lorsqu'il s'est suicidé en sautant du haut d'un immeuble. Je savais qu'il allait mal à la suite d'une rupture sentimentale, mais je ne me rendais absolument pas compte de l'ampleur de sa détresse. Pourquoi ne s'était-il pas tourné vers moi ? Pourquoi n'avais-je rien vu ? En tant que mère, j'aurais normalement dû savoir instinctivement qu'il avait besoin d'aide, non ? Je me torturais en imaginant ses derniers instants et, à mesure que les semaines, puis les mois passaient, je suis entrée dans une dépression si profonde que je pensais ne jamais m'en remettre. J'avais l'impression d'être enfermée dans une cellule de prison sans lumière. Je n'arrivais pas à me lever le matin, et sans mon autre fils, Callum, je ne crois pas que j'aurais eu la force de continuer à vivre. Mais je ne pouvais pas lui infliger un second deuil.

Un jour, j'étais assise en pyjama au bord de mon lit, essayant de rassembler ma volonté pour me lever. Je ne m'étais ni douchée ni lavé les cheveux depuis une quinzaine de jours. Tous mes vêtements étaient sales. La chambre était couverte de poussière. Tout partait à vau-l'eau. Soudain, j'ai entendu une voix.

« Il serait temps de te refaire une existence digne de ce nom. »

On aurait dit la voix de Josh, mais un regard circulaire dans la chambre me permit de constater qu'il n'y avait personne. « Qui a dit cela ? C'est toi, Josh ?

— Bien sûr que c'est moi, maman. »

Mon cœur bondit dans ma poitrine. « Tu vas bien ? Où es-tu ? »

La question resta sans réponse, mais je sentais qu'il était toujours là. Je me suis levée faire du café, puis j'ai décidé de prendre une douche. Tandis que j'étais sous la douche chaude, les cheveux couverts de shampooing, j'ai entendu de la musique. En sortant la tête de la douche, je me suis rendu compte que c'était la musique de Josh, et qu'elle venait de sa chambre.

Je suis sortie de la douche, me suis séchée, puis j'ai fait le tour complet des lieux. D'une manière inexplicable, le lecteur de CD de Josh s'était mis en marche et jouait l'un de ses disques préférés. Mais il n'y avait personne d'autre que moi dans la maison. Je n'ai pourtant pas eu peur. Je savais que c'était Josh, et cela m'a fait sourire.

En bas, dans la cuisine, à l'heure du déjeuner, j'ai essayé de lui parler de nouveau, répétant sans cesse : « J'espère que tu vas bien. Est-ce que tu vas bien ? »

Je me versais une tasse de café quand je l'ai entendu dire :

« Moi, ça va bien, Maman. C'est toi qui ne vas pas bien. Je suis désolé de ne pas avoir fait mes adieux, mais je suis satisfait de mon existence actuelle. Il est temps pour toi de te remettre à vivre. Ne gaspille pas l'existence dont tu disposes. »

Les mots étaient si nets que l'on aurait dit qu'il était attablé en face de moi. J'ai eu soudain l'impression d'être délivrée d'une prison de douleur. Le poids qui m'écrasait et m'empêchait d'agir disparut. J'avais les idées claires. La pièce semblait plus lumineuse. Je me sentais psychologiquement plus légère.

L'après-midi même, j'ai fait plusieurs lessives, et un peu de ménage, j'ai téléphoné à mon fils aîné et je l'ai invité à dîner, et je suis sortie faire les courses, acheter des mets délicieux, puis j'ai fait la cuisine. J'étais redevenue moi-même.

Je m'étais enfermée pendant des mois dans le piège de mon propre chagrin. Il a fallu que mon fils revienne sous la forme d'un ange pour me libérer.

Stella est venue me voir et a pu entrer de nouveau en communication avec Josh, mais c'est ce premier contact avec lui qui a fait toute la différence. Elle a su qu'il allait bien, et c'est l'élément clé qui lui a permis de poursuivre sa route.

Revoir ceux qui nous sont chers

Il est beaucoup moins fréquent de voir de nos propres yeux les anges gardiens qui viennent nous conseiller que de les entendre ou de sentir leur présence. Pour prendre forme humaine, un pur esprit doit mobiliser énormément d'énergie, et ce n'est généralement pas nécessaire. Depuis que ma mère est morte, je ne l'ai vue que deux ou trois fois.

À un certain moment, ma fille Tanya est tombée très malade, conséquence d'une allergie massive à l'Ibuprofène. Son cœur avait cessé de battre, et il fallut l'emmener d'urgence à l'hôpital, où l'on m'a dit qu'il n'était pas certain qu'elle passe la nuit. Je faisais les cent pas dans la salle de visite des malades, me culpabilisant, comme le font les parents dans ce cas, me demandant si j'aurais pu agir autrement. C'est alors que j'ai vu le visage de ma mère dans un petit médaillon ovale. Ses cheveux étaient très noirs, comme lorsqu'elle était jeune, et elle était vêtue de bleu, sa couleur préférée. Je savais qu'elle était venue me dire que tout irait bien. Effectivement, Tanya a survécu et n'a pas eu de séquelles, même si à présent elle doit porter en permanence un bracelet avec une plaque de sécurité.

Une femme prénommée June m'a fait part de sa propre expérience, où elle a vu son mari, mort l'année précédente :

La vie était très, très dure pour moi. J'avais quatre enfants en bas âge, très peu d'argent, et mon mari venait de mourir d'une crise cardiaque alors qu'il n'avait que quarante ans – et pas d'assurance vie. Je me traînais jour après jour, écrasée par la dépression, j'existais plus que je ne vivais. Un beau jour, j'entre dans le salon, et je vois mon mari, installé dans son fauteuil habituel, jambes croisées, qui me souriait.

Mes jambes se sont dérobées sous moi, le choc était tel que je me suis effondrée sur le canapé. Je l'ai regardé, bouche bée, pendant un bon moment. De toute évidence, ce n'était pas un être de chair et de sang comme le sont les êtres vivants, mais je le voyais assez nettement, et il était nimbé d'une sorte de halo lumineux.

« Richard ? me suis-je risquée à dire, les yeux pleins de larmes.

— Il est temps que tu te remettes en selle, m'a-t-il dit, en me regardant droit dans les yeux.

— Que veux-tu dire ?

— Il faut que tu te remettes à vivre. Je ferai tout ce que je peux pour t'aider. »

Puis il a disparu, me laissant abasourdie. Je ne doutais pas que ce soit lui, mais je pensais que jamais je ne serais capable d'en parler à quiconque, ou alors on allait m'enfermer ou me gaver de tranquillisants. Je n'arrêtais pas de penser à ce qu'il m'avait dit, et de me demander comment il pourrait m'aider. Mes problèmes étaient très réels et très concrets.

Quelques semaines plus tard, j'avais des factures à régler, et je ne savais pas du tout comment j'allais les payer. Je suis entrée dans le salon, et j'ai soudain entendu la voix de mon mari me dire :

« Dossier vert, étagère du haut. »

Je suis allée directement dans la chambre, j'ai fouillé dans le dossier vert où j'ai trouvé un livret de placement immobilier dont j'ignorais tout, et dont le montant excédait largement celui des factures. C'était un cadeau du ciel !

À partir de ce moment-là, j'ai continué à entendre la voix de Richard aux moments les plus insolites. Il faisait souvent de petites plaisanteries. Il avait toujours su me faire rire, et il me faisait rire de nouveau après sa mort. Richard avait beaucoup d'esprit.

Un de ses amis, John, me rendait visite chaque semaine pour voir si j'avais besoin d'aide pour de petits travaux. C'était quelqu'un de très bien, et nous avions plaisir à parler ensemble de Richard et à évoquer ses faits et gestes, ses paroles. Un jour, quatre ans après le décès de Richard, j'entends sa voix résonner dans ma tête et me dire : « Tu devrais épouser John.

— Je ne peux pas ! Tu me manques trop. »

À la visite suivante de John, j'ai commencé à porter sur lui un autre regard, et je me suis rendu compte qu'il serait susceptible de me plaire, à condition que je me laisse aller. J'avais aussi l'impression que je lui plaisais. Bref, un an plus tard nous nous sommes mariés, comme l'avait suggéré Richard. Il ne vient plus me rendre visite aussi souvent à présent, mais je sais qu'il est toujours là, à veiller sur moi et sur nos enfants.

La leçon du verglas

Comme je l'ai déjà dit, l'heure de notre mort est prédéterminée, mais je crois qu'il y a en fait deux moments clés où elle peut survenir, l'un plus précoce, l'autre plus tardif. Chacun d'entre nous a deux « boutons à presser » : l'un nous donne la plus longue durée de vie, et l'autre la plus courte.

C'est une erreur de penser que Dieu « vient nous reprendre ». D'abord, c'est lui qui nous donne la vie, et ce que nous en faisons dépend de nous. Si vous n'apprenez pas les leçons que vous êtes censé apprendre dans votre existence présente, vous pouvez mourir prématurément, et vous aurez les mêmes leçons à apprendre au cours de la réincarnation suivante. Mais, avant cela, votre ange gardien peut venir vous prévenir et vous aider à rentrer dans le droit chemin.

Dans le récit qui va suivre, Lisa avait une leçon à apprendre – et je suis heureuse de pouvoir dire qu'elle a su écouter.

C'était un après-midi d'hiver : j'étais au volant de ma voiture en compagnie de mon petit ami, sur une route étroite de campagne. Soudain, la voiture, dérapant sur une plaque invisible de verglas, s'est lancée dans des tête-à-queue incontrôlés. J'avais l'impression d'être dans une bulle, comme si le temps se déroulait au ralenti. Je n'entendais rien, et je savais que je ne pouvais rien faire, car si l'on freine en plein dérapage, on aggrave la situation. J'ai soudain vu devant moi le visage de mon père qui me souriait. L'image était très nette et fouillée jusque dans les moindres détails – ses yeux bleus pétillants, par exemple.

Puis il y a eu un grand bruit de tôle froissée et tout s'est arrêté. Je n'ai pourtant ressenti aucun choc, comme si un oreiller moelleux m'en avait protégée. Une fois la voiture immobilisée, j'ai constaté que le pare-brise était en miettes, et que j'étais couverte d'éclats de verre qui étincelaient au soleil. J'avais un fragment de miroir du rétroviseur dans les cheveux. Mon petit ami, à mes côtés, était lui aussi couvert d'éclats de verre mais paraissait indemne.

Sortir de la voiture fut difficile car les portières étaient pliées et tordues, mais un homme est venu nous aider, disant que nous avions heurté sa camionnette. Il avait l'air très choqué, et n'arrêtait pas de nous lancer des regards bizarres.

« Vous feriez mieux de vous éloigner, au cas où la voiture prendrait feu, nous a-t-il dit. J'ai appelé une ambulance. »

J'ai regardé mon petit ami.

« Je ne crois pas que nous en ayons besoin. Je me sens bien », lui ai-je répondu.

C'est à ce moment-là que je me suis retournée et que j'ai vu la voiture : je n'en croyais pas mes yeux ! Elle était pratiquement coupée en deux, avait perdu deux de ses roues, le réservoir était fracassé et l'essence qui s'en échappait inondait la chaussée.

Une voiture de police est tout de suite arrivée et, après avoir examiné la carcasse, un policier nous a dit :

« Si j'étais arrivé sur place sans informations préalables, j'aurais conclu que quelqu'un était probablement mort dans cet accident et qu'il allait falloir l'intervention des pompiers pour désincarcérer les corps. »

À l'arrivée de l'ambulance, c'est le chauffeur du camion qui a eu droit aux soins, car il était commotionné, mais il n'y avait rien de suspect ni du coté de mon petit ami ni du mien, pas même une égratignure, et aucun traumatisme imputable au choc. Considérant l'état de la voiture, je savais que le policier avait raison, et que nous aurions normalement dû être tous les deux morts.

Lisa est venue me voir après l'accident et nous avons discuté de la signification qu'il pouvait avoir. Elle était persuadée que son père lui avait sauvé la vie, ainsi qu'à son petit ami, en amortissant le choc. Je lui ai dit avoir souvent entendu parler de cette impression de flottement, comme si l'on était bercé par un ange. J'en ai fait moi-même l'expérience, et même si, par mon activité, je suis quotidiennement au contact du surnaturel, je trouve toujours cela mystérieux.

Lisa se rendit compte qu'une seconde chance lui était donnée, mais qu'il fallait qu'elle s'accorde plus d'attention. Elle conduisait cette voiture de sport beaucoup trop vite, et elle aurait pu se tuer, ainsi que son petit ami. Il fallait qu'elle ralentisse – au sens propre comme au sens figuré – et qu'elle vive sa vie de manière plus consciente au lieu de foncer à toute allure d'une expérience à l'autre.

La dernière visite

Aux derniers instants de notre vie, nous ne sommes jamais seuls. Quelqu'un qui nous a précédé dans la mort vient toujours nous chercher, qu'il s'agisse d'un grand-parent, d'un père ou d'une mère, de notre compagnon ou compagne, d'un enfant ou d'un ami proche. Pour peu que vous ayez déjà veillé un mourant, vous aurez constaté la paix extraordinaire qui envahit ceux qui sont sur le point de mourir, parce qu'ils ont vu ou entendu venir à leur rencontre la personne qu'ils aiment. J'ai reçu à ce sujet de multiples témoignages, et je sais qu'un jour nous passerons tous par là. Il n'y a rien à craindre à cet instant-là, et les mourants le savent. Tout se passera bien.

Pour illustrer mon propos, je vous soumets une histoire que je tiens d'un médecin, à propos d'une expérience de fin de vie et de vie après la mort, dont il a été témoin.

J'ai été appelé un soir au chevet d'une femme de cinquante-quatre ans qui avait une longue histoire de problèmes cardiaques. Quand j'entrai dans sa chambre, je fus surpris de trouver un si grand nombre de personnes, et je les priai de quitter les lieux pour pouvoir examiner tranquillement ma patiente. Son mari et deux de ses filles quittèrent la pièce, mais un homme et une femme restèrent dans un coin, tout sourires.

« Pourriez-vous vous éloigner un instant ? », demandai-je, quelque peu contrarié, mais ils continuèrent à sourire imperturbablement.

Ma patiente était très faible, mais elle parvint à me dire :

« Il n'y a personne d'autre que vous et moi dans la chambre, docteur. Le monsieur et la dame que vous voyez là sont mes parents et ils sont venus me chercher car l'heure de ma mort est venue.

— Vous dites n'importe quoi ! répondis-je. Si j'ai encore voix au chapitre, vous n'allez pas mourir. »

Mais en l'examinant, je constatai que son cœur donnait des signes de faiblesse : elle avait dû refaire une crise cardiaque. J'appelai une ambulance et je restai auprès d'elle en l'attendant.

« Ma mère est morte à quarante-sept ans, me dit-elle, et mon père s'est suicidé un an après. Ils ne me sont jamais apparus depuis jusqu'à l'instant présent. C'est pourquoi je sais que je vais mourir et qu'ils vont m'accompagner de l'autre côté. »

La famille la rejoignit à l'hôpital, où je passai la voir un peu plus tard. Ils étaient tous assis autour du lit tandis qu'elle s'affaiblissait de plus en plus. Elle leur dit qu'elle avait laissé des lettres à l'intention de chacun d'eux, à lire après sa mort. Ils parlèrent de ses dernières volontés concernant ses obsèques. Puis elle mourut, deux heures plus tard, un merveilleux sourire aux lèvres.

Juste après le décès, j'entendis sa voix résonner dans ma tête : « Vous êtes libre à présent, libre de prendre soin de ceux que vous aimez. » Les mots étaient clairs et nets, la voix reconnaissable entre toutes : cette expérience ma fait vaciller.

J'ai été bouleversé par cet événement au point de remettre en question mon approche de la médecine. À présent, lorsque je suis au chevet de patients en fin de vie, je sais qu'ils vont être libérés de toute souffrance, et qu'ils continueront de vivre dans l'au-delà. Je n'ai plus le moindre doute, ayant effectivement eu des nouvelles directes d'une de mes patientes après sa mort…

J'ai moi-même fait l'expérience de la mort, comme je l'explique au chapitre 7, et je peux témoigner du fait qu'il n'y a effectivement rien à craindre. En réalité, la chose me paraissait si belle et si naturelle que je fus déçue en comprenant qu'il me fallait revenir ! Je trouve toujours aussi étrange – et merveilleux – le fait que des anges nous entourent à chaque étape du voyage. Dans le chapitre suivant, nous allons nous intéresser aux rencontres avec des anges que nous n'avons pas croisés dans notre existence réelle, mais qui ont de bonnes raisons de venir nous voir.

3

LES ANGES QUE NOUS NE RECONNAISSONS PAS

Toutes sortes d'anges s'occupent de nous à différentes époques de la vie. Il y a ceux qui nous sont envoyés au cours de notre enfance – comme mon gentil visiteur en costume marron. Il y a les membres de la famille et les amis décédés, qui étaient proches de nous de leur vivant et qui reviennent veiller sur nous, comme nous le disions dans le chapitre précédent. Une fois atteint l'âge adulte, ce sont d'autres anges qui viennent nous guider, car les problèmes et les décisions que nous affrontons alors changent de nature, et nécessitent une nouvelle forme d'aide. Des esprits nous ayant connu dans une ou plusieurs de nos vies antérieures viennent alors veiller sur nous et nous apporter une aide spirituelle. Ce sont des anges d'un genre particulier qui parcourent la Terre sous forme humaine. Et nous avons tous, pour veiller à notre sécurité, un ange gardien individuel dont l'âme est si évoluée qu'il n'a jamais eu d'existence terrestre. Il se peut qu'à certains moments un sentiment de solitude nous étreigne, pourtant nous ne sommes jamais seuls. Personne n'est jamais seul en ce monde. En fait, il y a foule autour de nous !

L'image traditionnelle que se font des anges ceux qui ont été élevés dans la foi chrétienne est celle d'un individu de sexe masculin, vêtu de blanc et doté d'une paire d'ailes et d'une auréole. Je n'en ai personnellement jamais vu qui correspondent à cette description, mais j'ai rencontré des quantités de gens qui en ont rencontré, et j'ai effectivement, à des moments où j'étais très déprimée, eu le sentiment de me sentir enveloppée par des ailes protectrices entre lesquelles je me sentais en parfaite sécurité : je savais que c'était un ange, je n'éprouvais pas le besoin d'en savoir plus. Je me suis alors sentie rassurée et réconfortée, et je me suis rendu compte que c'est dans ce but que l'ange était venu à moi dans ces moments particuliers.

Je crois de mon devoir d'expliquer ici que je n'appartiens à aucune Église. Je crois en Dieu et en Jésus-Christ, mais je n'aime pas les dogmes imposés par l'Église, et certains des prêtres ou pasteurs que j'ai rencontrés m'ont laissée de glace car j'ai l'impression qu'ils abordaient leur rôle plus comme un métier que comme une vocation. Je ne suis pas contre la religion. J'aime les églises vides, car je perçois en ces lieux l'amour de tous ceux qui y sont rassemblés. Mais je n'éprouve pas le besoin de passer par l'intermédiaire d'un culte pour me sentir proche de Dieu, car je me sens constamment proche de lui.

Le Dieu auquel je crois n'est pas ce personnage anthropomorphique aux longs cheveux bouclés que décrivent les catéchismes destinés aux enfants. Je crois que Dieu est une énergie, une force qu'il est très difficile à l'humanité d'appréhender. Pourtant, j'ai vu le Christ et il est vrai qu'il avait une certaine ressemblance avec l'image transmise au fil des siècles par les grands peintres et les grands sculpteurs, et qui nous est devenue familière.

C'était au cours d'une consultation avec une ancienne religieuse. Elle avait passé le plus clair de son temps dans un couvent, puis elle avait décidé d'en sortir afin de voir le monde avant de mourir. Juste après le début de notre entretien, une lumière venue d'en haut inonda la pièce. J'avais les yeux fermés mais je savais que la lumière était là, entourée d'un halo bleuté chatoyant. J'ouvris un œil et je vis, juste devant moi, une boucle brune.

« Qui êtes-vous ? », demandai-je.

La tête s'inclina et je vis qu'il s'agissait d'un homme. « Je suis le Christ », dit-il.

J'ouvris les deux yeux, et la première pensée qui me vint fut qu'il portait la croix sur son visage car ses sourcils rectilignes et son nez droit y formaient une croix ; il avait aussi une très belle peau mate et des yeux si magnifiques qu'on aurait pu s'y noyer. Je remarquai alors qu'il avait les mains ouvertes et qu'il émanait de ses paumes des rayons de lumière d'un blanc bleuté qui me pénétrèrent. Tout cela ne dura que l'espace d'un instant, mais je me sentis illuminée. J'éprouvais un immense sentiment d'amour et de respect et je restai quelques instants immobile, m'efforçant de retrouver mes esprits.

La religieuse me demanda :

« Qu'avez-vous vu ? Que vous est-il arrivé ? »

Je lui expliquai ce qui s'était passé, et lui dis :

« Il est sans nul doute venu pour vous.

— Oh, non, je vous assure, dit-elle, c'est pour vous qu'il est venu. Moi, je ne l'ai pas vu. » Et elle me sourit : « Quel privilège ! »

Nous sommes devenues amies, et j'ai découvert que cette dame était un de ces anges présents sur cette Terre. C'est l'une des personnalités à la profondeur la plus insondable que j'aie jamais rencontrées. Le sentiment de félicité suprême que j'ai éprouvé au cours de la séance ne m'a jamais quittée depuis. Je la ressens encore dans les moments où j'ai besoin d'aide – pas exactement sous la même forme, mais comme un écho du ressenti originel, qui est en lui-même source de réconfort.

Lorsque je reçois des clients en consultation, j'entre souvent en contact avec les esprits d'êtres chers ayant disparu, et ce sont tous des anges qui se manifestent dans l'intention d'apporter réconfort et conseils. Mais il ne m'est arrivé qu'en de rares occasions de rencontrer en cours de séance un ange à proprement parler – et non l'esprit d'un défunt –, et c'est une expérience fabuleuse.

Un homme célèbre, dont je ne peux dévoiler l'identité pour des raisons de confidentialité, est venu me voir après le décès de son fils. Il s'accusait d'être responsable de sa mort, car il avait été incapable de protéger son fils, et il était là, assis face à moi, totalement brisé. Soudain, une lumière jaillit du plus profond de moi (je ne vois pas d'autre manière d'exprimer la chose), et j'entendis ma voix proférer des paroles destinées à cet homme, et pourtant ces mots n'étaient pas les miens. Ils étaient si profonds que pendant toute la durée de cette expérience, il resta médusé et incapable de bouger.

Lorsque tout fut terminé, l'homme dit :

« J'ai le sentiment que je peux à présent reprendre le fil de ma vie. Mon fils est bien là où il est, je le sais, cela ne fait aucun doute. »

Cet homme n'est pas religieusement impliqué, mais ce que l'ange a dit à travers moi l'avait touché au plus profond de lui-même. Malheureusement, je ne me souviens que de peu de chose. Quand des défunts s'expriment à travers moi, je m'entends parler et, en général, je répète consciemment ce que ces esprits me disent. Mais lorsqu'il s'agit d'anges proprement dits, ils n'emploient pas du tout les mêmes mots que moi. Ils n'ont pas recours à mon vocabulaire. Une présence très particulière est palpable dans la pièce, associée à un merveilleux sentiment de calme et de bonheur absolu, comme si tous les bienfaits de cette Terre étaient réunis sous une seule et même forme.

Il existe donc différents niveaux parmi les anges. Nombre d'entre ceux qui lisent en ce moment ces lignes font sans doute partie des anges sans ailes présents ici sur cette Terre. Vous savez pertinemment si vous êtes quelqu'un de bien – ou non. Venez-vous spontanément à l'aide de ceux qui en ont besoin, sans aucun souci de récompense ? Je suis sûre que vous en avez croisé dans votre vie, de ces personnes pleines de bonté et peu avares de leur temps – ces gens-là, sans s'en rendre compte, sont en train de « gagner leurs ailes ».

Voir la lumière

Quand les anges gardiens entrent dans notre vie, c'est souvent à l'occasion d'un événement dramatique, un de ceux que l'on n'oublie jamais. C'est ce qui m'est arrivé au bord de la falaise, lorsque deux paires de mains angéliques m'ont arrachée à une mort quasi certaine et déposée en lieu sûr de l'autre côté de la clôture de barbelés. Après l'événement, j'ai eu l'absolue conviction que seuls des anges avaient pu intervenir. Il n'y avait pas d'autre explication. Tout comme dans le cas de Simon, un jeune homme qui était venu me voir afin d'évoquer son expérience angélique.

Je rentrais chez moi après mes cours à la fac, les écouteurs de mon iPod vissés aux oreilles, mais je n'étais pas en train de rêver. J'étais toujours parfaitement conscient de mon environnement. Arrivé au bord de la route, j'ai regardé à droite et à gauche, la voie était libre, j'ai donc posé le pied sur la chaussée pour traverser, quand une lumière vive m'a soudain ébloui, elle était si vive que je n'y voyais plus rien. Je me suis arrêté net et c'est à ce moment-là que j'ai senti le remous d'air produit par le passage d'un gros véhicule lancé à toute allure. Tout cela n'avait duré qu'une fraction de seconde.

La lumière s'est évanouie. J'ai regardé à gauche, et je me suis rendu compte que je venais d'échapper d'un cheveu à un bus à deux étages qui filait à vive allure. Puis, en baissant les yeux, j'ai constaté que je me trouvais de nouveau sur le trottoir. Or, je sais – et là-dessus, je suis catégorique – que j'étais descendu du trottoir, que j'avais les deux pieds sur la chaussée, mais en me remémorant la scène, je me souviens d'avoir eu l'impression d'être tiré en arrière. Tout s'est passé si vite que j'ai d'abord cru avoir imaginé les choses. Mais rétrospectivement, je sais avec certitude que tout s'est bien passé ainsi. Je me rappelle clairement la sensation d'une pression qui m'a fait reculer et m'a ramené en lieu sûr.

J'avais le sentiment d'avoir vécu quelque chose de très particulier. Cet événement a modifié ma vie de bien des façons. Je crois qu'il y a une raison précise à l'aide que j'ai reçue, et cela m'a fait changer d'avis quant à ce que je veux faire après mes études. Plutôt que de poursuivre dans la voie de la recherche, j'ai envie de parcourir le monde et d'aider les gens. Toute cette expérience a de manière très nette fait de moi un être plus spirituel.

J'ai entendu de nombreuses personnes décrire une lumière vive apparaissant devant eux. Elle inonde leur champ de vision, et elle est cernée d'un halo flou, comme lorsque l'on regarde le soleil. Je crois que les anges font apparaître cette lumière devant vous quand vous ne les écoutez pas. C'est leur manière a eux d'attirer votre attention « en fanfare » ! Ils avaient probablement déjà essayé de prévenir Simon, mais il était trop absorbé par sa musique et il a fallu une intervention plus spectaculaire pour l'empêcher de se faire écraser par ce bus.

Le témoignage d'une mère

Je reçois de nombreux témoignages liés à des interventions angéliques visant à empêcher des accidents de voiture mortels. Je suppose que c'est parce qu'ils sont responsables de la plupart des décès prématurés dans le monde occidental, où nous n'avons pas de pandémies mortifères comme la malaria, et où nous jouissons en général d'une bonne qualité d'hygiène et avons accès à une nourriture saine. En revanche, à un moment ou à un autre de notre existence, nous serons quasiment tous impliqués dans un accident de voiture, en tant que conducteur, passager ou piéton, et la marge est souvent très mince entre les chances que l'on a de s'en sortir indemne, et celles que l'on a d'être blessé – voire même de mourir. Je crois que l'intervention des anges fait souvent toute la différence.

Je devais récupérer mon fils Charlie, alors âgé de onze ans, à la sortie de l'école, et j'étais en retard ; quand je suis arrivée, il n'y avait plus de places de stationnement près de la cour de récréation. Je me suis donc garée de l'autre côté de la route, je suis sortie de la voiture et j'ai essayé de repérer les boucles blondes de mon fils au milieu de toute cette horde d'enfants. Nous nous sommes vus au même moment, nous nous sommes fait un signe de la main, et il s'est soudain mis à courir dans ma direction entre deux voitures garées, s'apprêtant à traverser la route pour me rejoindre. C'est alors que j'ai vu déboucher une voiture venant de la gauche, et j'ai crié : « Arrête ! » en agitant frénétiquement les bras, mais la voiture était pratiquement déjà à son niveau et je suis restée figée de panique et d'impuissance à la perspective de voir mon pire cauchemar se réaliser sous mes yeux.

J'ai entendu un cri – n'émanant pas de moi –, le temps d'un clin d'œil, la voiture était déjà passée. J'ai cherché du regard le corps de mon fils sur la route, mais ne le voyant pas, je me suis aperçue que mon fils était inexplicablement remonté sur le trottoir.

« Reste là ! » lui ai-je crié, puis j'ai traversé la route en courant pour le serrer très fort dans mes bras. Mon cœur battait si fort que j'avais peur de m'évanouir. Il avait l'air un peu hébété et m'a rendu mon étreinte. C'est alors que j'ai aperçu une autre maman, derrière le grillage de la cour de récréation, apparemment presque aussi choquée que moi.

« Il a été soulevé, a-t-elle dit. Il n'y avait pourtant personne, mais il a été soulevé de terre et remis sur le trottoir. J'étais là, et j'ai tout vu de manière on ne peut plus claire.

— C'est vrai, m'a dit mon fils, je n'ai vu personne, mais j'ai senti ces mains me saisir. On aurait dit quelqu'un de très fort. »

Plus tard ce même jour, à l'heure du coucher, Charlie m'a dit :

« Tu sais, maman, je crois que c'est Jésus qui m'a sauvé la vie aujourd'hui. »

Quel que soit le responsable, je lui serai éternellement reconnaissante de son acte. Quand je repense à ce moment où j'ai failli perdre mon fils, j'en tremble encore.

Un grand nombre d'adolescents trouvent la mort dans des accidents de la route. C'est la cause de décès la plus fréquente chez les jeunes Britanniques, et si vous avez perdu un enfant en de telles circonstances, vous vous demandez sans doute pourquoi Charlie et tant d'autres enfants comme lui ont été sauvés – et pas le vôtre. Tout ce que je peux dire, c'est que les choses devaient se passer ainsi. Certains ont une vie très courte parce qu'ils ont rempli le rôle qui leur était dévolu dans cette existence. Lorsque des enfants meurent, c'est qu'ils sont arrivés au bout de leur cycle d'existence et ont évolué sous la forme pure d'un ange. On entend souvent des parents dire de ces enfants qu'ils étaient des anges, sans se rendre compte à quel point c'était effectivement vrai. C'est affreux pour les parents, bien sûr, mais cela fait aussi partie du projet de vie qui leur est imparti, où ils ont à apprendre de cette expérience pour favoriser l'évolution de leur âme.

En tant que parent, je me suis trouvée moi-même plusieurs fois à deux doigts de perdre mes enfants. Ma fille Nicky avait quinze ans quand un de ses amis, qui venait de passer son permis de conduire, lui proposa une balade d'une journée en compagnie de deux autres amis. Nicky avait toute confiance en ce garçon qu'elle appréciait beaucoup, et elle était prête à partir, pensant qu'elle allait bien s'amuser, mais à la dernière minute une petite voix intérieure la prévint de ne pas monter dans la voiture. Telle mère, telle fille : elle a de qui tenir, et elle sait écouter ces « petites voix », elle a donc dit à ses amis, avec quelques regrets, que finalement elle ne viendrait pas et qu'elle les retrouverait plus tard.

La voiture rentra dans un arbre et ses trois jeunes occupants furent tués. Un ange gardien avait sauvé Nicky en la prévenant de ne pas y aller. Ce fut une expérience désespérément triste pour elle que d'assister aux obsèques de ses amis, et de penser à ce qu'auraient pu être les choses sans cet accident, et cela nous perturbe encore toutes les deux aujourd'hui.

Ce n'est pas la seule fois où Nicky ait échappé au danger.

Le 17 décembre 1983, elle partait rejoindre une amie au grand magasin Harrods à Londres pour prendre un café avec elle, quand une voix lui dit : « Il ne faut pas y aller. Évite ce lieu. » Elle réussit a prévenir son amie de ne pas y aller non plus, et elles furent toutes les deux bouleversées de voir au journal télévisé du soir les images de l'attentat de l'IRA, qui avait fait exploser une bombe devant chez Harrods, tuant six personnes et en blessant soixante-quinze autres.

Il y eut aussi un autre incident relatif à mon fils Carl, qui avait décidé d'organiser une fête pour ses dix-huit ans et d'inviter tous ses amis. De façon impromptue, Nicky lui dit : « Il ne faut pas qu'Andrew prenne sa moto. Arrange-toi pour l'en dissuader. »

Andrew n'avait pas une moto puissante – juste une petite mobylette blanche.

« Mais pourquoi donc ne faut-il pas qu'il la prenne ? demanda Carl.

— S'il vient en moto, il va avoir un accident à un rond-point », lui dit Nicky d'un ton ferme.

Carl rétorqua, caustique :

« Et de qui tiens-tu tout ça ?

— De mon ange gardien », dit-elle, et elle était si convaincante que finalement Carl téléphona à Andrew et lui dit de ne pas venir en mobylette.

Andrew trouva donc quelqu'un pour l'emmener à la fête et tout se passa bien, mais le lendemain il voulut passer voir Carl pour une raison quelconque, et il enfourcha sa mobylette. Après tout, l'avertissement de Nicky ne concernait que le jour de la fête. En s'approchant de l'unique rond-point sur son itinéraire, ses paroles lui revinrent à l'esprit, et il ralentit nettement, juste au cas où… Et bien lui en prit ! Au beau milieu du rond-point, sa roue arrière se détacha soudain, tomba au sol et, en une glissade, il se retrouva sur l'herbe du talus.

Andrew était vraiment très secoué en arrivant chez nous. « J'ai examiné la route, il n'y avait rien qui puisse expliquer pourquoi cette roue s'est détachée. C'est un accident totalement inexplicable. Mais si je n'avais pas conduit très prudemment à cause de l'avertissement de Nicky, j'aurais pu être très grièvement blessé. »

À présent, les amis de Nicky ne demandent même plus d'explications : si elle leur dit qu'il ne faut pas aller quelque part, ils suivent toujours ses conseils.

Des histoires de tronçonneuse

À l'exemple de Nicky, une certaine Catherine, que je connais bien, a su écouter ses instincts et a empêché un accident dont la probabilité était quasi certaine.

J'ai rêvé une nuit d'un homme et d'une jeune fille à moto, tous deux vêtus de blousons de cuir noir, et portant des casques blancs qui leur masquaient le visage. J'habite juste en face d'un parc auquel on accède par une longue allée bordée d'arbres et, dans mon rêve, je voyais la moto remonter l'allée, quand soudain la jeune fille assise à l'arrière a fait une chute. En me réveillant le lendemain matin, je n'arrivais pas à chasser le rêve de mon esprit, et j'ai décidé que ce jour-là il valait sans doute mieux que je ne monte pas sur la moto de Richard, mon compagnon.

Mais ma voiture était restée garée devant chez ma sœur, à huit kilomètres de là, car, après avoir dîné chez elle la veille au soir, nous avions pris un taxi pour rentrer. D'autre part, Richard s'était rendu compte que la chaîne de sa tronçonneuse avait lâché et qu'il allait devoir faire un saut en ville pour la faire réparer. Cela lui paraissait logique d'aller en ville à moto et de m'emmener avec lui, il alla donc dans notre garage, en sortit la moto et démarra.

Une voix dans ma tête me criait : « Non, non, non ! » Sachant pertinemment que des « voix dans ma tête » ne suffiraient pas à faire changer Richard d'avis ni de projets, je suis donc allée jeter un coup d'œil à la moto, et j'ai remarqué que le pneu arrière était si usé que l'on commençait à voir le maillage métallique sous la gomme.

Cela laissait présager un accident probable, mais Richard était toujours décidé à partir. Il fallait que je trouve un autre moyen de dissuasion.

Une idée me vint à l'esprit. Notre ami Ben, qui travaille dans le parc, avait une tronçonneuse. Je me suis précipitée chez lui et lui ai expliqué la situation, lui demandant si nous pouvions lui emprunter la sienne pour éviter à Richard de faire le déplacement. Non seulement il m'a prêté sa tronçonneuse, mais il m'a aussi donné ses clés de voiture pour que Richard et moi puissions aller récupérer ma propre voiture en toute sécurité.

Après quoi j'ai persuadé Richard de faire réparer le pneu et de vendre la moto. J'ai eu l'impression que ce jour-là des anges avaient collaboré avec moi pour empêcher l'accident, et que c'était à moi de décider à mon tour de collaborer avec eux si je voulais conforter ma chance.

Quand Catherine m'a raconté cette histoire, je n'ai pu qu'abonder dans son sens. Elle ne cessait de recevoir des avertissements en rafale et cela aurait été folie de ne pas les prendre en compte. Cependant, les anges peuvent nous sauver de situations dramatiques, même si nous persistons à ignorer leurs avertissements. Ils peuvent quelquefois passer outre et nous sauver de nous-mêmes. Tout dépend si c'est inscrit dans notre plan de vie.

Une voiture à parachute intégré

Caroline était au volant de la voiture de son petit ami, sur une route étroite de Cornouailles. Comme d'habitude, elle conduisait trop vite et, en abordant un virage particulièrement serré, elle perdit le contrôle de son véhicule.

J'ai heurté le bas-côté et la voiture s'est retournée, mais tout s'est passé très lentement, comme au ralenti. La voiture a fait deux tonneaux, et s'est retrouvée sur la route, couchée sur le flanc côté conducteur. La vitre était fracassée, je suis donc sortie péniblement, j'étais un peu secouée mais parfaitement indemne.

Je suis restée plantée là à regarder la voiture : je n'en croyais pas mes yeux de la chance que j'avais eue. Je n'avais pas bouclé ma ceinture de sécurité et c'est inimaginable que je n'aie pas été blessée à la tête quand la voiture s'est retournée. Ce que je vais dire peut paraître absurde, mais j'ai eu l'impression que quelqu'un avait soulevé la voiture entre ses mains pour la reposer en douceur sur la route – ou qu'un parachute fixé à l'arrière avait amorti son atterrissage.

Une personne habitant à proximité, alertée par le fracas de l'accident, avait appelé les secours. Mon petit ami et son frère, ayant eu vent de l'événement, sont venus s'assurer que je n'étais pas impliquée dans l'accident – et je l'étais, évidemment.

Ils n'arrêtaient pas de me dire : « Tu es sûre que tout va bien ? Mais comment as-tu fait pour t'en sortir sans une égratignure ? » Ils paraissaient plus bouleversés par toute cette histoire que je ne l'étais moi-même sur le coup.

J'aurais normalement dû être grièvement blessée, mais je crois avoir été sauvée par un ange, et à présent je porte en tout temps et en tous lieux un petit porte-bonheur en forme d'ange.

Plusieurs personnes de ma connaissance portent ce genre de petite breloque et si cela leur apporte un réconfort et les aide à se connecter à leur ange gardien, c'est une bonne chose. Mais on n'a pas besoin de ce genre d'amulettes pour recevoir de l'aide de leur part, car de toute façon ils sont constamment présents auprès de nous. La plupart du temps, on n'a besoin de rien faire : ils s'occupent de nous sans rien attendre en retour.

Une voiture volante ?

Voici un autre exemple de sauvetage spectaculaire que m'a raconté une certaine Sandra, et dont plusieurs personnes ont été les témoins : la scène se déroule sur une autoroute du Midwest américain.

Je me rendais au centre commercial en compagnie de mon petit garçon, attaché à son siège à l'arrière. En ce milieu de matinée, le trafic n'était pas très dense, l'heure de pointe était déjà passée. J'ai soudain aperçu un gros camion couché sur le flanc et qui glissait vers nous à toute allure. J'ai freiné à mort, mais le camion se rapprochait de plus en plus, on se serait cru dans un film d'horreur. J'ai crié : « Mon Dieu ! Nous allons mourir ! » Je ne pouvais rien faire pour éviter la collision.

Au moment où le camion est arrivé à notre niveau, ma voiture a été soulevée de terre, pour se retrouver posée sur la route de l'autre côté du camion. Cela n'a sans doute pris qu'une fraction de seconde, mais j'avais l'impression de vivre la scène au ralenti. Le camion a poursuivi sa glissade le long de l'autoroute et s'est immobilisé cent mètres plus bas, mais certains automobilistes circulant dans l'autre sens, qui s'étaient arrêtés, sont venus me parler, alors que j'étais toujours sur le siège du conducteur, secouée de tremblements convulsifs.

« Ça va, vous deux ? Bon sang, mais qu'est-ce qui s'est passé ? a demandé l'un d'eux.

— Est-ce que par hasard votre voiture serait dotée de pouvoirs surnaturels ? Vous venez littéralement de voler par-dessus ce camion. »

Et une femme a souri en disant : « Vous avez été sauvés par des anges. Votre vie et celle de votre fils n'étaient pas destinées à s'achever aujourd'hui, mais à se poursuivre. »

Voulant serrer mon fils dans mes bras, je me suis tournée vers lui, mais il jouait avec ses Action man, indifférent à tout ce qui venait de se passer.

Plus tard, Sandra alla parler au chauffeur du camion, en état de choc – non seulement à cause de l'accident mais aussi à la suite du spectacle de cette voiture qui s'était littéralement envolée pour passer au-dessus de lui alors qu'il se croyait à deux doigts de l'écraser. Lui aussi fut sauvé, car s'il était entré en collision avec la voiture de Sandra, l'impact aurait pu faire exploser sa cabine. Mais personne ne devait mourir ce jour-là. Tous ceux qui ont vu cette « voiture volante » en ont été fortement ébranlés et je suis sûre que ce spectacle a influencé leurs croyances.

Les anges à notre aide au volant

J'ai plusieurs exemples à citer concernant des automobilistes ayant reçu des avertissements suffisamment clairs pour éviter des accidents. Parfois, les anges prennent le contrôle de la voiture, comme dans le cas d'Emily, une enseignante qui vit dans le Kent.

Un matin, j'étais au volant de ma voiture, en route pour le travail. Je suivais mon itinéraire habituel, quand tout à coup quelque chose a littéralement forcé ma jambe à écraser la pédale de frein. Je ne contrôlais plus mes muscles mais, à ce moment-là, mon pied a appuyé à fond sur le frein et la voiture s'est brutalement immobilisée. Une fraction de seconde plus tard, une autre voiture déboula à toute allure d'un virage situé plus haut sur la route – elle venait vers moi, sur la même voie. Le conducteur, qui venait de doubler un autre véhicule, a juste réussi à se rabattre avant d'arriver à mon niveau. Je ne l'avais ni entendu ni vu venir, et si je ne m'étais pas arrêtée, il y aurait eu collision frontale. J'ai eu la bizarre impression qu'un ange m'avait sauvée ce jour-là.

Une aventure similaire est arrivée à Avril, l'une de mes clientes aux États-Unis.

Après une importante réunion électorale dont j'étais l'organisatrice, en rentrant chez moi par la L-90, je me suis endormie au volant. Je ne me suis réveillée qu'au moment où la voiture a percuté un buisson et s'est immobilisée. J'ai jeté un coup d'œil autour de moi pour m'apercevoir avec horreur que je n'étais plus sur la bonne voie de circulation, mais à contresens. J'avais, sans savoir comment, traversé le terre-plein central et les voies du côté opposé. De plus, sur ce tronçon-là, les deux axes de circulation sont normalement séparés par de gros arbres touffus, et ma voiture avait traversé par l'unique brèche existant sur des kilomètres.

Je suis restée là, assise dans la voiture, à la recherche d'éventuelles traces de blessures (inexistantes, en fait), et c'est alors que je me suis soudain souvenue d'une voix qui n'avait cessé de me parler en rêve, et qui disait : « Tu es en sécurité maintenant. » Et j'ai réalisé qu'un ange avait pris le contrôle de ma voiture quand je me suis endormie, et qu'il m'avait amenée en lieu sûr.

Parfois, une voix dit aux conducteurs de s'arrêter et ils arrivent à réagir à temps. Voici l'histoire de Rosalind.

Je me suis arrêtée au carrefour, j'ai regardé à droite, à gauche, et j'ai posé le pied sur l'accélérateur pour traverser, quand tout à coup une voix dans ma tête a dit : « Stop ! » Je n'ai pas reconnu la voix, mais elle était très autoritaire, je me suis donc arrêtée, mue par un réflexe quasi automatique. Et, une fraction de seconde plus tard, une voiture surgie de nulle part a traversé à toute allure au ras de mon véhicule. Je ne l'avais pas vue, et si je n'avais pas entendu cette voix qui disait « Stop ! », elle m'aurait sans nul doute heurtée de plein fouet. À présent, je conduis plus prudemment, et j'évite toujours le croisement en question.

Le message angélique peut quelquefois être encore plus précis que la simple injonction « Stop ».

J'étais sorti ce soir-là avec trois de mes amis et je rentrais chez moi par une route de campagne étroite et sinueuse. Je ne roulais pas très vite – mais tout de même un bon 50 km/h – et c'est alors que j'ai entendu une voix crier dans ma tête : « Blaireau, stop ! », et je sus, sans autre explication, que si je ne m'arrêtais pas, j'allais heurter un blaireau. Je freinai à fond et réussis à m'arrêter juste avant un virage, et c'est là, juste devant moi, que j'ai capté dans mes phares la large rayure blanche d'un blaireau qui a traversé la route, puis disparu dans les fourrés.

Si je n'avais pas stoppé, je l'aurais heurté et tué, ou j'aurais cherché à l'éviter et j'aurais moi-même eu un accident. Mais pourquoi est-ce le mot « blaireau » qui m'est venu en tête, et pas « chevreuil » ou « lapin », qui sont les espèces que l'on croise le plus souvent dans les parages de ma maison en Cornouailles ? Les blaireaux sont des animaux assez rares, et je suis soulagée de ne pas avoir tué l'un d'entre eux.

J'ai eu de nombreux témoignages de personnes ayant eu le sentiment qu'elles ne devaient pas conduire tel jour, ou qui avaient de mauvais pressentiments concernant un voyage. Les femmes semblent être plus sensibles à ces avertissements que les hommes. Soit elles tiennent compte de ces impressions et restent à la maison, soit elles sortent tout de même, et elles ont un accident ou y échappent de justesse.

Il pourrait bien s'agir d'autre chose que d'une « impression » ou d'une voix. Les anges recourent à toutes sortes de moyens, pourvu qu'ils soient efficaces à leurs yeux, et fassent passer le message jusqu'à vous, afin que vous restiez attentifs à leurs avertissements. Souvenez-vous de ceci : chaque fois que vous sortez votre voiture du garage, l'espace qui vous sépare d'un accident grave n'est peut-être que d'un cheveu.

La question du suicide

Je n'ai jamais jugé ceux qui mettent fin à leurs jours ou tentent de le faire. Mon oncle Charlie s'est suicidé en maintenant sa tête dans le four de la cuisinière pour s'asphyxier au gaz, quand j'avais dix ans, c'est donc un scénario qui m'est familier depuis mon plus jeune âge. Nous vivons une pluralité d'existences, et nous nous suiciderons forcément au cours de l'une d'entre elles. Les gens qui éprouvent de la compassion envers ceux qui cherchent à attenter à leurs jours sont probablement déjà passés par là au cours d'une vie antérieure, alors que ceux que cela irrite et qui se permettent de juger, ou qui sont incapables de comprendre ce geste, n'ont pas encore vécu cette expérience.

Parfois, quand nous touchons le fond du désespoir, nous pouvons être à deux doigts du suicide, mais si notre heure n'est pas encore venue, un ange interviendra. Prenons Mike, par exemple, dont l'histoire est tragique. Sa femme Doreen étant atteinte d'un cancer, il avait quitté son travail pour s'occuper d'elle les deux dernières années de sa vie. Ils n'avaient pas d'enfants à eux, mais avaient pris en tutelle un adolescent, Darren, issu d'un quartier difficile de Londres, afin d'essayer de l'aider à reprendre le droit chemin. Après la mort de Doreen, Darren commença à dérailler et Mike s'aperçut qu'il se droguait. Je lui laisse la parole pour vous raconter l'histoire.

J'ai essayé de lui parler, je lui ai proposé de lui offrir tout ce qu'il voulait, pourvu qu'il arrête l'héroïne. J'ai vraiment essayé, mais je me heurtais à un mur. Il disait : « J'aime ça, alors je vais continuer à en prendre. » Je savais qu'il avait besoin de quelque chose qui puisse l'aider à surmonter la mort de Doreen, mais l'héroïne n'était pas la bonne réponse. J'ai fait tout ce que j'ai pu, mais rien n'a marché, et j'avais un sentiment d'échec absolu.

J'avais recommencé à travailler, mais c'était un travail d'usine, un simple gagne-pain, pas un métier que j'aurais eu plaisir à exercer. Mes amis faisaient de leur mieux pour me remonter le moral, mais j'avais le sentiment qu'ils ne me comprenaient pas. Petit à petit, à l'approche du premier anniversaire de la mort de Doreen, j'en vins à la conclusion que je n'avais plus aucune raison de vivre.

Nous nous étions toujours dit que nous léguerions à Darren notre argent et la maison, mais je craignais qu'il ne gaspille tout pour s'acheter de la drogue, je suis donc allé chez le notaire et j'ai modifié mon testament, de sorte qu'il dispose de suffisamment d'argent pour subvenir à ses besoins pour le moment, mais qu'il ne puisse toucher le capital global qu'à son vingt et unième anniversaire, dans l'espoir qu'il se reprenne entre-temps.

Le jour prévu pour mon suicide, j'ai d'abord rangé la maison, puis je me suis habillé avec soin, j'ai mis un beau costume et une belle cravate. Je n'arrêtais pas de parler à Doreen, lui disant que je venais la rejoindre. Une fois prêt, j'ai pris ma voiture et j'ai roulé jusqu'à une falaise, à une certaine distance de la ville où nous habitions. C'était un endroit où nous étions déjà allés ensemble faire de la marche et que j'aimais beaucoup ; j'avais choisi ce lieu parce qu'il était isolé, mais je savais que la falaise était suffisamment haute pour que le saut dans le vide ne me laisse aucune chance de survie. J'avais prévu d'accélérer à fond et de précipiter la voiture à toute vitesse en bas de la falaise.

Il fallait d'abord franchir la barrière en bois d'une clôture, puis traverser un champ ; j'arrêtai la voiture à dix mètres du bord de la falaise pour repasser une dernière fois mes idées dans ma tête. « À présent, Doreen, je viens te rejoindre »... et juste au moment où je me disais cela, j'ai senti une main sur mon épaule droite. La sensation était si nette que j'ai sursauté et j'ai regardé tout autour de moi pour voir s'il y avait quelqu'un – mais il n'y avait personne. J'avais toujours les mains posées sur le volant. J'ai alors senti une autre main sur mon épaule gauche et les mains me maintenaient très fermement plaqué contre le dossier du siège. Une pensée a surgi dans mon esprit : « Un ange me retient. »

J'ai vu l'image de ma voiture précipitée par-dessus le bord de la falaise. On aurait dit que la caméra filmait en plan large : je voyais que l'on était à marée basse, et qu'il y avait des gens sur la plage en contrebas, qui allaient et venaient, et ramassaient du bois flotté. Il ne m'était jamais venu à l'idée que je pouvais mettre en danger la vie d'autrui en mettant fin à la mienne. C'était bien le dernier de mes désirs.

Je sentais encore les mains sur mes épaules quand j'ai fait demi-tour, tournant le dos à la falaise. J'ai serré le frein à main, puis je suis sorti de la voiture, je me suis effondré dans l'herbe et j'ai pleuré toutes les larmes de mon corps, jusqu'à ce qu'elles se tarissent. Je suis enfin remonté dans la voiture et je suis rentré à la maison.

À mon retour, Darren était assis là à m'attendre. Il s'est levé d'un bond et s'est précipité dans mes bras. « Papa, pardon pour la drogue, je vais arrêter tout ça à présent. Je veux vraiment m'en débarrasser et j'ai besoin de ton aide. Tu veux bien m'aider ? »

Je ne suis pas du genre à me raconter des histoires, mais, en repensant à tout cela plus tard, je me suis rendu compte que c'étaient bien les mains d'un ange qui m'avaient retenu au bord de la falaise. Ma vie a été sauvée ce jour-là pour une bonne raison – à mon avis pour me permettre d'aider Darren à laisser tomber la drogue, ce qu'il a fait, et je suis heureux de pouvoir le dire aujourd'hui. Ma femme me manque toujours énormément, mais Darren et moi avons tissé des liens très étroits, et il est pour moi d'un grand réconfort. Ma vie a pris une tout autre tournure à présent, et je remercie chaque jour l'ange qui m'a sauvé.

À notre naissance, nous endossons tous une personnalité, et nous accédons en même temps au libre arbitre. Cela signifie que nous pouvons choisir – ou non – d'être quelqu'un de bien dans la vie. Il n'en va pas de même pour les âmes désincarnées, qui sont de toute pureté. Mais les êtres humains, eux, peuvent choisir d'être mauvais et, dans ce cas, ils recevront de nombreux signes et avertissements visant à les faire changer d'attitude. Je n'ai pas parlé à Darren en personne, mais je me demande si un ange ne l'a pas aidé, lui aussi, à prendre la décision d'arrêter la drogue. Ce pourrait être Doreen, qu'il considérait comme sa mère, et qui, depuis l'autre monde, l'aurait influencé, ou bien l'un des autres anges chargés de veiller sur lui.

Les anges sont à nos côtés en permanence, mais ils ne se manifestent pas, sauf si nous avons réellement besoin d'eux – par exemple, si nous sommes très déprimés et avons besoin d'aide pour renouer les fils de notre vie, comme dans le cas de Mike, ou bien si nous nous conduisons mal et nous égarons, comme Darren. Leur rôle clé consiste à nous apporter un réconfort quand le besoin s'en fait sentir.

La rampe fantôme

Je reçois régulièrement en consultation une certaine Linda, âgée d'une cinquantaine d'années et qui souffre du dos. Suite à une hernie discale il y a quelques années, deux de ses vertèbres lombaires se sont soudées, d'où une agilité restreinte. Elle marche avec difficulté et je sais que son dos la fait souffrir dès qu'elle doit rester trop longtemps en position assise ou debout. Elle travaille chez un fleuriste à proximité de chez moi. Voici le récit de son expérience angélique, pleinement corroborée par un témoin qui a assisté à toute la scène.

Un camion de livraison venait d'arriver, apportant sa cargaison de fleurs fraîches pour la journée. La patronne était si occupée qu'elle m'a demandé de sortir du magasin et d'aller voir quelles fleurs étaient à mon avis susceptibles de nous intéresser. De petites marches se sont dépliées à l'arrière du camion et j'ai grimpé sur la plate-forme, pour atteindre le niveau du plancher du camion, où j'ai commencé à passer en revue les magnifiques fleurs estivales – roses, pivoines, giroflées, lupins – bref, toutes celles que j'aime.

Le livreur était au fond, il notait la liste des fleurs que je désirais : six de celles-ci, douze des suivantes, et ainsi de suite. J'étais complètement absorbée par cette tâche, et j'allais d'un côté à l'autre du camion en examinant les fleurs, sans m'apercevoir que j'étais très près de la plate-forme à l'entrée du camion. À un moment donné, j'ai fait un pas en arrière, perdu l'équilibre, et basculé. En une fraction de seconde, j'ai lancé la main vers une rampe à laquelle je me suis agrippée, réussissant à éviter la chute et à me relever.

« Eh bien, je l'ai échappée belle ! », ai-je signalé au chauffeur.

Il était bouche bée, sous l'effet de la surprise. « Comment diable avez-vous fait pour enrayer votre chute ? a-t-il demandé. Je vous voyais fichue.

— Mais grâce à la rampe, bien sûr ! ».

En disant cela, je me suis retournée pour la désigner du doigt, et ce n'est qu'à ce moment-là que je me suis rendu compte qu'il n'y avait pas de rampe à cet endroit. Pourtant, je sentais encore le contact froid du métal dans ma main. C'était une grosse rampe solide qui n'avait pas bougé d'un pouce quand je l'ai saisie d'une main puis de l'autre.

Je me suis agrippée à une rampe qui en fait n'existait pas – jamais je n'oublierai cette sensation. Si j'étais tombée de l'arrière du camion,

Dieu sait quels traumatismes aurait subis mon dos ! Je n'aurais sans doute plus été en état de travailler.

Linda a tout de suite su qu'elle avait été sauvée par un ange. La plupart des personnes avec qui j'ai eu des entretiens en vue de ce livre ont décrit leur ressenti après les événements évoqués en termes de « savoir inné profond » – le message est à la fois si clair et si succinct que quelque part en eux un déclic intérieur se produit. Nombre d'entre eux étaient auparavant dans le camp des sceptiques – particulièrement les hommes, qui, en général, veulent trouver des réponses « rationnelles » ou « techniques ». Mais j'imagine que, confrontés au cas de la rampe fantôme, ils seraient restés à court d'arguments !

Un autre chemin de retour

Jérémy était un jeune homme qui se serait classé sans hésitation dans le camp des « sceptiques » jusqu'à ce que l'incident suivant lui arrive.

Je rentrais chez moi un soir d'automne, après avoir passé la soirée au cinéma avec des amis. Je réfléchissais au film que nous venions de voir, et aux problèmes de cœur qu'avait évoqués l'un de mes amis, quand soudain une voix a résonné dans ma tête : « Prends un autre chemin pour rentrer chez toi. Celui-ci n'est pas sûr ».

Je m'apprêtais à emprunter une route bordée d'immeubles résidentiels, qui menait quasi directement chez moi, mais la voix avait un ton d'autorité si fort que j'ai hésité. La route semblait particulièrement mal éclairée et je voyais qu'au moins un des lampadaires était éteint – mais d'un autre côté, c'était l'itinéraire le plus direct pour rentrer chez moi et je l'empruntais pratiquement tous les soirs depuis que j'avais emménagé dans ce quartier. Je ne suis pas superstitieux, et je suis presque gêné d'admettre avoir prêté l'oreille à une « voix intérieure », mais j'ai décidé sur un coup de tête de prendre un autre chemin ce soir-là. Je suis arrivé chez moi dix minutes plus tard, en me traitant d'imbécile, puis je suis allé me coucher.

Le lendemain matin, je me suis branché sur la station de radio locale pour écouter les informations en préparant mon petit déjeuner. Le présentateur a fait état d'une agression à coups de couteau survenue la veille au soir dans le quartier, et la police lançait un appel à témoins, disant que quiconque s'était trouvé dans telle et telle rue (celle que j'avais décidé de ne pas prendre) aux alentours de 23 heures (l'heure exacte de ma présence sur les lieux) devait entrer en contact avec la police au cas où il aurait été témoin de quoi que ce soit.

Je restai là, les yeux rivés sur la radio, la cuiller en l'air, pendant une minute au moins ! J'entendais encore résonner dans ma tête la voix qui disait : « Prends un autre chemin pour rentrer chez toi. » Qui c'était ? Je n'en ai pas la moindre idée, mais je ne peux m'empêcher de penser que ce devait être un ange. Surtout, ne répétez à personne que j'ai dit ça !

J'ai modifié le prénom de Jérémy parce qu'il ne voulait pas être identifié. Quelques autres personnes dont les histoires figurent dans cet ouvrage ont fait la même requête. Personnellement, je crois que lorsque des anges viennent à votre rencontre, une telle nouvelle vaudrait d'être partagée. C'est un immense privilège et je trouve dommage que l'on soit gêné de l'admettre.

Un trou béant dans le métro

D'ordinaire, je ne parle pas aux inconnus que je rencontre de la façon dont je gagne ma vie. On a tous besoin d'oublier un peu le travail de temps en temps. Mais je croise parfois des gens qui me paraissent si ouverts aux choses spirituelles que je me surprends à leur dire que je suis médium et, dans ces occasions, ils en viennent souvent à raconter certaines de leurs propres expériences avec les esprits et les anges. Lorsque je rencontre quelqu'un d'une façon insolite, je m'aperçois qu'il y a souvent de bonnes raisons à cela.

La première fois que je suis allée à New York, j'ai dit au chauffeur de taxi qui m'avait prise en charge à l'aéroport que c'était ma première visite, et il m'a proposé de me servir de guide et de me faire découvrir certains des lieux normalement peu fréquentés à cette période par les touristes. Par exemple, il m'a emmenée à Grand Central Station, et nous nous entendions si bien qu'il a arrêté le compteur pour bavarder. L'heure du déjeuner approchant, quand il apprit que je n'avais pas de projets précis, il me proposa de m'emmener au restaurant que tenait un de ses amis, et j'acceptai.

Quand nous y sommes arrivés, on m'a présentée au patron du restaurant, et certains membres du personnel sont venus se joindre à nous. Je n'avais pas mentionné ma profession, mais eux-mêmes ont commencé à faire allusion aux esprits. Et l'un des serveurs, qui était le fils du patron, m'a raconté l'histoire suivante.

J'attendais dans le métro à l'heure de pointe. Je ne sais pas si vous y êtes déjà allée, mais les quais sont bondés, et les voyageurs s'y entassent en rangs si serrés que quand la foule fait mouvement, on est obligé de suivre. Je me suis retrouvé au ras du train, et les portes se sont ouvertes juste devant moi. J'allais monter, quand une voix dans ma tête m'a dit : « Attention aux pieds », et j'ai senti une pression sur ma poitrine, comme si quelqu'un ou quelque chose me repoussait vers l'arrière.

En baissant les yeux, j'ai constaté qu'il y avait un espace vide d'environ trente centimètres de large entre le quai et la rame, et je ne l'avais pas vu. C'est peu fréquent dans le métro de New York, mais dans cette station, le quai faisait une courbe, d'où cet espace vide inhabituel. J'aurais pu être très gravement blessé si j'avais basculé dans ce trou béant. En fait, j'ai réussi à l'éviter et j'ai prévenu ceux qui étaient derrière moi de faire attention. Je crois vraiment qu'il s'agissait d'un ange venu m'avertir, et qui a fait en sorte qu'il ne m'arrive rien de mal ce jour-là.

Je lui ai dit que j'étais tout à fait d'accord avec lui, et c'est là que j'ai expliqué quelle était ma profession. Je lui ai également confié qu'un jour j'écrirais un livre sur les anges gardiens qui nous viennent en aide et j'ai demandé si je pouvais y inclure son histoire.

« Ce serait un grand honneur », m'a-t-il dit.

Je ne me laisse pas souvent inviter à déjeuner par un groupe de parfaits inconnus, mais quand les choses sonnent juste, il y a généralement une bonne raison pour que la rencontre ait lieu. Les inconnus en question se révèlent être sur la même longueur d'ondes.

Une surveillance de voisinage d'une remarquable efficacité

Quand une intervention angélique fait obstacle à un crime, les anges peuvent agir de différentes manières. Ils peuvent persuader le malfaiteur de faire volte-face, ou avertir la police quant aux intentions de ce dernier, ou encore prévenir la victime potentielle d'être plus vigilante. J'ai été confrontée à tous ces cas de figure (et je vous en dirai plus sur ma collaboration avec la police, en Grande-Bretagne comme aux États-Unis, au chapitre 4). L'histoire suivante illustre une combinaison de ces trois cas de figure. Je la tiens de Patricia, une dame veuve et déjà d'un certain âge.

J'ai été réveillée une nuit par une voix dans ma tête qui disait : « Va fermer la fenêtre de l'entrée. » Or j'étais sûre d'avoir fermé cette fenêtre, et j'avais encore sommeil, j'ai donc ignoré l'injonction et je me suis rendormie. Je me souviens que le réveil indiquait 2h14 du matin.

Vingt minutes plus tard, à 2h34, la voix m'a de nouveau réveillée : « Va fermer la fenêtre de l'entrée. – Oh, ça suffit ! ai-je pensé, avec irritation. Bon, je suppose qu'il vaut mieux descendre vérifier, sinon je n'arriverai pas à me rendormir. »

Je suis sortie péniblement de mon lit et je suis descendue voir dans l'entrée, où j'avais, en effet, laissé ouvert un petit vasistas en hauteur. Il n'était pas assez grand pour permettre le passage d'un éventuel intrus, mais en glissant le bras, on pouvait ouvrir la grande fenêtre juste en dessous et pénétrer ainsi dans la maison. Au moment où je tournais la poignée du vasistas pour le refermer, j'ai perçu un mouvement dans le jardin situé à l'arrière de la maison. J'ai vu deux silhouettes sombres et je me suis rendu compte que deux hommes étaient en train d'escalader le mur de mon jardin, prêts à sauter sur la pelouse.

J'approche des quatre-vingts ans et je vis seule, j'étais tout à fait terrifiée. En rasant les murs, je suis allée jusqu'au salon, où je me suis accroupie près du canapé, et j'ai appelé la police, leur expliquant ce dont j'avais été témoin. Je suis restée cachée là pendant un quart d'heure environ, craignant de voir les intrus investir la maison. Finalement, j'ai aperçu la lumière des gyrophares au-dehors, puis entendu des coups à la porte, suivis d'une voix rassurante qui criait : « Police ! »

Quand j'ai ouvert la porte, un policier m'a dit qu'ils avaient appréhendé dans le jardin des voisins deux hommes au comportement suspect et que je pouvais retourner me coucher sans crainte. Le lendemain la police revint chez moi ; on m'expliqua que les deux hommes qui avaient été arrêtés grâce à mon témoignage étaient en possession d'un ordinateur portable et d'un fourre-tout rempli d'objets de valeur provenant de chez un de mes voisins.

« Mais que faisiez-vous donc à cette heure de la nuit, debout et en train de regarder par la fenêtre ? m'a demandé le policier. Vous souffrez d'insomnie ? »

Je n'ai pas voulu lui dire qu'un ange m'avait réveillée, mais je suis catégorique – c'est bien de cela qu'il s'agissait. Et je me sens rassurée à l'idée de ne pas être seule le soir quand je monte me coucher.

L'issue de cette aventure a tenu à un *timing* à la seconde près. Patricia s'est levée pour fermer le vasistas juste au moment où les cambrioleurs sautaient dans son jardin. L'instant d'avant, elle ne les aurait pas vus, et l'instant d'après, ils auraient pu s'être déjà introduits chez elle. Et quand la police est arrivée, les cambrioleurs étaient encore sur les lieux, avec toujours en mains les preuves flagrantes de leurs méfaits. Pour que cet incident trouve une conclusion aussi impeccable, je crois qu'il aura sans doute fallu que les anges, outre Patricia, influencent aussi les voleurs et la police !

L'ange de Ground Zero

Bon nombre d'hommes n'avouent jamais à quiconque avoir vécu une expérience impliquant l'intervention d'anges, mais à New York j'ai rencontré quelqu'un – un chauffeur de taxi nommé Joe – qui n'a pas pu s'empêcher de me débiter toute son histoire. Je crois que, à la suite de cette expérience, il était encore en état de choc et à la recherche de quelqu'un qui puisse lui fournir des explications. Ce n'est sans doute pas par hasard que j'ai été poussée à héler son taxi en ce jour de printemps.

De toute façon, Joe était plutôt du genre communicatif et, en entendant mon accent anglais, il a voulu savoir si j'étais en vacances et si c'était mon premier séjour à New York. Je lui expliquai que j'étais venue pour le travail et que j'animais un séminaire destiné à des gens désireux d'apprendre à mettre en pratique leurs pouvoirs médiumniques. Et c'est là que son histoire est sortie tout à trac.

C'était au printemps 2002, six mois après le 11-Septembre, ce jour-là une femme m'a fait signe et m'a demandé de l'emmener aux Twin Towers – les deux tours jumelles.

« Vous voulez dire à Ground Zero[1] *? », ai-je demandé.*

Qu'il existe encore sur cette planète quelqu'un qui ignore tout de l'effondrement des tours percutées par deux avions, était-ce possible ?

« Conduisez-moi à la tour Sud, a-t-elle dit alors. Ne prenez pas l'itinéraire le plus direct, prenez tout votre temps. »

J'ai haussé les épaules et me suis lancé dans un parcours très pittoresque, pensant avoir affaire à une touriste qui avait envie de voir une partie de la ville. Je commençai à bavarder avec elle, mais elle répondit du bout des lèvres, et je me suis vite rendu compte qu'elle n'était pas dans un état d'esprit propice à la conversation, donc au bout d'un moment je me suis tu. Je me suis dit qu'elle avait peut-être perdu quelqu'un dans l'effondrement des tours et qu'elle venait en pèlerinage, pour voir les lieux du drame. C'est peut-être pour cela qu'elle avait besoin de paix et de silence.

Mon mobile s'est alors mis à sonner et j'ai voulu répondre, mais la ligne n'a pas fonctionné. Peu après, la radio s'est mise à crachoter

1. Depuis la destruction des tours, on n'utilise plus l'appellation Twin Towers, le site du désastre (devenu un lieu touristique) est désigné sous le nom de Ground Zero. *(N.d.T.)*

abominablement, comme saturée d'électricité statique, mais je n'y ai pas prêté d'attention particulière.

C'est juste avant d'atteindre Ground Zero que ma passagère s'est mise à parler.

« C'est vous qui m'avez amenée jusqu'ici lors de mon dernier voyage, et vous avez été particulièrement gentil, a-t-elle dit. C'est à mon tour de veiller sur vous à présent. »

J'ai mis le clignotant pour me garer le long du trottoir, et je me suis retourné : elle n'était plus là. Les portes du taxi étaient restées fermées, car il y a un système de verrouillage que je dois désactiver pour pouvoir les ouvrir. J'ai bondi hors du véhicule, mais il n'y avait personne dans la rue – aucune trace de ma passagère. Mais où donc était-elle passée ?

Un couple qui marchait sur ce trottoir s'est approché : ils cherchaient un taxi. Je leur ai demandé s'ils avaient vu une femme sortir du taxi juste une minute auparavant, mais ils n'avaient rien vu. Ils m'avaient vu m'arrêter et me garer le long du trottoir, mais personne n'était sorti du taxi.

J'ai ouvert la portière arrière pour voir s'il y avait trace de sa présence, mais la seule chose que j'aie trouvée était une toute petite plume blanche sur la banquette arrière. J'ai haussé les épaules et continué ma journée, mais j'étais très secoué par toute cette histoire.

Environ deux heures plus tard, je finissais mon service quand un autre chauffeur s'est arrêté à mon niveau. « Tu as entendu parler du carambolage sur West Street ?

— Non. »

Il m'a alors raconté qu'une douzaine de voitures étaient impliquées dans cet accident, et qu'il y avait eu deux morts et plusieurs blessés graves.

Tout en l'écoutant parler, je réfléchissais au fait que j'aurais normalement dû me trouver dans West Street si cette passagère à éclipse ne m'avait pas demandé d'aller à Ground Zero par le chemin des écoliers. Quand il a précisé l'heure de l'accident, j'ai constaté que c'était précisément le moment où j'aurais dû me trouver sur les lieux. Cette femme m'avait donc éloigné de la zone en question et sans doute permis d'échapper à un accident très meurtrier.

Je me suis rendu compte par la suite que je n'avais qu'un souvenir assez flou de son visage. Je ne sais pas pourquoi, parce que d'habitude je suis très physionomiste. Mais l'idée m'est revenue à l'esprit que je l'avais déposée un matin au niveau des tours jumelles, peu de temps avant la catastrophe, et je crois l'avoir aidée à soulever de lourds bagages. C'est alors que j'ai commencé à me dire qu'elle était peut-être morte au cours de l'attentat contre les tours et que c'était son fantôme qui s'était assis là, à l'arrière de mon taxi.

M'a-t-elle sauvé la vie ? Je ne le saurai jamais avec certitude, mais depuis ce jour j'ai le sentiment étrange qu'elle veille sur moi et m'aide en permanence. Avant de la rencontrer, je tombais souvent sur des clients grossiers et rouspéteurs, et à présent tous ceux que je croise sont aimables et généreux. Est-ce une coïncidence ?

Lorsqu'il eut terminé son histoire, je lui dis que j'étais médium et lui parlai des anges qui peuvent venir veiller sur nous. Je lui dis aussi que j'étais certaine qu'il avait raison et que, dans son cas, c'est bien ce qui s'était passé. La femme assise à l'arrière de son taxi ce jour-là aurait pu être soit quelqu'un qu'il avait rencontré sur cette Terre, soit un ange inconnu.

Je lui ai également dit que j'avais entendu de nombreuses personnes mentionner le fait qu'elles avaient trouvé une plume blanche après l'intervention d'un ange. Ce sont exclusivement des plumes blanches et duveteuses, et elles apparaissent à des endroits inattendus. Je vis en pleine campagne, dans un endroit où il n'y a pas de volatiles à plumes blanches, pourtant je trouve souvent de minuscules plumes blanches. Un jour d'été, je m'étais assoupie au jardin dans une chaise longue et, à mon réveil, j'ai trouvé une plume blanche sur mes genoux, une autre à côté de moi, et une troisième sur ma main. Je suis absolument sûre d'avoir reçu ce jour-là la visite d'un ange qui tenait à me mettre au courant de sa venue.

Entre-temps, nous étions parvenus à ma destination et Joe me regardait dans son rétroviseur.

« Qu'est-ce qu'il y a ? lui dis-je en riant.

— Il s'agit de vos yeux… dit-il. Vous avez les mêmes yeux que cette femme…

— Pourtant, je vous assure que ce n'était pas moi. Je n'étais pas à New York le 11 septembre 2001 – alors que normalement j'aurais dû m'y trouver. »

J'avais une réunion prévue pour le matin du 11 septembre 2001, à proximité de Ground Zero. Environ une semaine avant cette date, j'avais dit à Michael : « Je n'y vais pas. Je vais annuler le vol. »

Il avait exprimé son désaccord, disant que le billet n'était pas remboursable, et qu'il serait difficile de reprogrammer la réunion, mais j'ai tenu bon. Les anges m'avaient dit de ne pas y aller. Sans plus d'explications, j'ai suivi leur conseil. J'ai réussi à reporter la date du vol, et aussi à reprogrammer la réunion, c'est donc à la maison en compagnie de Michael que j'ai vu avec horreur les avions s'encastrer dans les tours. Voilà pourquoi « on » m'avait dissuadée de me rendre à New York.

« Alors, comme ça, vous êtes médium, me dit pensivement mon chauffeur de taxi. Eh bien, eh bien, ça alors ! »

Après toutes ces péripéties, il ne voulait pas que je paie, événement sans précédent pour un chauffeur de taxi new-yorkais, mais j'ai insisté. Je voyais bien que c'était un brave homme et qu'il méritait amplement tout ce qui pouvait lui arriver de bien.

J'ai évoqué au cours de ce chapitre ceux qui ont échappé à un danger grâce à l'intervention des anges, dans le chapitre suivant je souhaiterais vous faire voir comment cette intervention peut vous aider à choisir le bon chemin dans votre vie, pour peu que vous soyez réceptif aux signes qui vous sont donnés et que vous en teniez compte. Cela en vaut vraiment la peine, car les conseils des anges peuvent améliorer nos conditions de vie de toutes sortes.

4

DES ANGES DE BON CONSEIL

Le programme prévu pour notre existence est élaboré dans la période intermédiaire entre deux vies successives, où nous sommes de purs esprits. Nous traçons les grandes lignes du projet qui nous est propre, et fixons ensuite toutes sortes de détails, pour déterminer si nous serons célibataires, mariés ou divorcés, si nous aurons des enfants, de quel milieu familial nous serons issus, quelle profession nous exercerons, avec qui nous aurons des liens d'amitié, à quels défis nous serons confrontés, et de quelle façon nous mourrons. Je crois que ce plan établi est une sorte d'autoroute, l'itinéraire principal entre A à B, mais il y a toujours de nombreux embranchements, des routes secondaires.

À notre naissance, nous disposons d'un libre arbitre, et donc, à mesure que nous avançons le long de l'autoroute, il se peut que nous repérions une route secondaire qui semble intéressante, et que nous bifurquions afin de l'explorer. Certains passent beaucoup de temps sur ces voies secondaires, ils peuvent même s'y perdre et avoir des difficultés à rejoindre l'autoroute. Mais, pendant tout le temps où vous serez sur cette voie secondaire, vous aurez le sentiment qu'il y a quelque chose qui cloche, ou qui vous manque, ou qui ne sonne pas tout à fait juste. Il se peut que les choses aillent mal pour vous de façon répétitive, sans que vous sachiez pourquoi. Les gens disent souvent dans ce cas-là : « Je n'arrive pas à me remettre sur les rails. » Et ils ont raison – ils ont littéralement déraillé.

Comment se prennent les décisions qui changent le cours de l'existence ? Certains disent qu'ils suivent leur instinct, ou leur intuition, ou leur sens du jugement, ou bien qu'ils ont une « forte impression » à propos de ce qu'il faut faire. Je crois que dans tous ces cas, ils sont guidés par des esprits protecteurs, des anges gardiens qui veillent sur nos existences et nous aident à faire les bons choix. Vous pouvez avoir l'impression d'avoir eu une idée originale et pleine d'inspiration – mais à mon avis c'est un esprit-guide qui vous a mis cette idée dans la tête. Ils ont de nombreux moyens de nous faire saisir au bond des idées neuves.

Bien sûr, vous pouvez ignorer délibérément votre « capacité de jugement ». Nous le faisons tous. Je savais que je n'aurais pas dû approuver le système de gestion de notre commerce de traiteur dans les années 1970. Je ne voulais pas signer les documents, mais mon mari avançait l'argument que nous allions être si débordés que nous n'avions pas le temps de trouver une autre solution. Je savais dès le départ que c'était une erreur, mais j'ai laissé faire, malgré les avertissements des voix et, au bout de six mois, notre affaire avait coulé. Nous avons tous fait ce genre de choses. Nous pouvons ignorer les esprits qui nous guident mais, pendant tout le temps où nous nous égarons, ils continuent à nous alerter d'une certaine façon, ils essaient de nous ramener sur l'autoroute.

Chacun d'entre nous a un esprit-guide, quelqu'un qui nous a connu et a veillé sur nous au cours de plusieurs existences. L'un de mes principaux guides est un philosophe chinois, dont j'ai été l'élève, bien que je n'aie jamais passé l'examen. Il n'a jamais été un membre de ma famille au cours d'aucune de mes vies passées, mais il a toujours été présent pour moi. Il ne se réincarne plus parce qu'il a atteint un niveau supérieur, et c'est pourquoi je peux me tourner vers lui quand j'ai besoin de conseils – ou il peut m'en donner quand je n'ai pas conscience d'en avoir besoin alors que c'est pourtant le cas ! Ses conseils peuvent être d'ordre très pratique, et il n'en précise pas toujours le motif, mais je sais les suivre à présent, et mon mari Mike s'y est également habitué.

Nous habitions à proximité d'Oxford, où nous avons tenu un pub qui marchait fort bien. Un jour, en allant à la cuisine, je reçus un message me disant que nous devions déménager dans le Devon. Aucune autre explication n'était donnée, mais je savais que ce conseil venait de mon philosophe chinois.

Je suis revenue au bar et j'ai abordé la question sans préambule.

« Michael, il faut que nous allions nous installer dans le Devon. Nous devons le faire.

— Mais ça ne fait pas longtemps que nous sommes ici. Tu es sûre ? dit-il d'un ton grognon.

— Oui, je suis sûre.

— Mais nous allons perdre de l'argent si nous déménageons.

— Il faut y aller », lui ai-je répété.

Et ce qui prouve une fois de plus que j'ai épousé l'homme qu'il fallait, c'est qu'il m'a crue sur parole et que nous avons déménagé dans le Devon. (Bien sûr, je savais déjà que c'était l'homme qu'il me fallait à cause des circonstances de notre rencontre et des messages très forts envoyés par mes anges à l'époque.)

Dès notre arrivée dans le Devon, je sus que c'était une bonne initiative. Une énergie positive émane des lieux et fonctionne pour lui comme pour moi. J'ai commencé à faire de plus en plus de séances pour les amis, puis pour les amis des amis, et j'étais fortement incitée à faire de ces contacts avec les esprits mon activité professionnelle. Il m'a fallu encore deux ans avant de me résoudre à faire payer des honoraires pour une séance, mais ce déménagement dans le Devon fut le premier pas dans la bonne direction. J'ai eu une notion plus claire de ce qu'était censé être le but de ma vie.

Les messages venant d'esprits-guides, ou d'anges, peuvent être transmis de différentes manières – certaines tout à fait subtiles et d'autres tout à fait « flagrantes », pour ceux qui n'auraient pas saisi les allusions subtiles. J'ai réuni dans ce chapitre différents types d'exemples.

Envolez-vous pour le Canada

Nigel, qui est photographe, est venu me consulter un jour car il avait envie de changer de vie, et il le savait, mais il n'arrivait pas à se décider sur le moyen. Le mot « Canada » me vint tout de suite à l'esprit et je vis en même temps une image de lui se jetant d'une falaise – il ne tombait pas, mais il sautait avec un parachute dans le dos.

« Avez-vous déjà fait du parapente ? lui demandai-je.

— Oui, c'est mon hobby, répondit-il, j'adore ça.

— Eh bien, vous êtes censé partir au Canada, lui dis-je. De belles perspectives de vie vous y attendent, et cela aura un lien avec le parapente.

— Le Canada ? dit-il, interloqué. Mais jusqu'ici je n'ai jamais envisagé de partir au Canada. Il ne fait pas un peu froid, en hiver ?

— Si, mais songez à tous ces splendides paysages et ces grands espaces vierges », dis-je – parce que c'est ce que je voyais mentalement.

Je voyais bien qu'en partant Nigel n'était pas convaincu, mais il avait l'air pensif. Je lui laisse le soin de terminer l'histoire.

En rentrant chez moi après la séance, j'ai soudain remarqué un énorme panneau publicitaire que je n'avais jamais vu auparavant, alors que j'emprunte cette route tous les jours, avec ce slogan en gros caractères : « Envolez-vous pour le Canada », sur fond de lacs et de forêts magnifiques, exactement le genre de décor que j'aime photographier.

Le lendemain matin, j'ai entendu le bruit du courrier tombant par la fente de la boîte aux lettres et je suis allé le chercher. Sur le dessus de la pile, il y avait un courrier publicitaire, avec le mot « Canada » en gros caractères sur l'enveloppe. « Bizarre », me suis-je dit.

Plus tard dans la journée, dans un moment d'oisiveté (l'une des raisons de mon désir de changement était que je trouvais insuffisant mon volume de travail), j'ai allumé la télévision. Croyez-le ou non, le thème de l'émission était le Canada.

Cela m'a fait sourire : « OK, j'ai saisi le message », me suis-je dit.

Je me suis mis à explorer les opportunités de travail au Canada pour un photographe et je suis très vite tombé sur l'annonce d'une société en quête d'un photographe expérimenté doublé d'un adepte du parapente. Je suis entré en contact avec eux, ils m'ont proposé un job, et c'est tout simplement fabuleux. À l'heure actuelle, parallèlement aux clichés destinés à des publicités, à des livres et à des magazines, je tourne aussi des séquences pour le cinéma. J'ai une vie merveilleuse – mais, sans cette succession de messages dont j'ai été bombardé, je n'aurais jamais, au grand jamais, envisagé de m'installer au Canada.

Les anges ne peuvent ni concevoir des panneaux publicitaires, ni vous poster des messages du même ordre, ni programmer une émission de télévision, mais ils peuvent vous y rendre attentifs. Vous marchez dans la rue, et voilà que soudain un autobus vient à passer, portant sur son flanc un message, ou bien c'est un nom qui ne cesse de resurgir à tout moment, ou une chanson qui passe à la radio, ou bien vous allumez la télévision, et voilà que le nom revient. À moins que vous tombiez inopinément sur quelqu'un qui se met à aborder le sujet. Quand de telles choses se produisent, je vous conseille d'écouter, et d'être à l'affût. Cela pourrait bien changer votre vie.

Un changement de carrière forcé

Si vous exercez un métier qui ne vous convient pas, les choses iront sans cesse de travers, jusqu'à ce que vous vous décidiez à les prendre en compte. J'espère que vous n'en arriverez jamais au même point que Clive, le menuisier de l'histoire qui va suivre.

Un jour où j'étais en train de faire un meuble de rangement, j'ai entendu une voix dans ma tête me dire de poser la scie électrique. Je ne voyais aucune raison logique à ce geste, je n'ai donc pas écouté le message et j'ai poursuivi mon travail. La voix a répété à trois reprises : « Pose ta scie », mais ça semblait si stupide que j'ai continué à travailler. Peu après, l'un de mes clients est entré dans l'atelier pour me parler d'une commande et je lui ai crié (il le fallait pour couvrir le bruit de la scie) que je le rejoignais dans une minute. Au moment où j'ai crié, j'ai senti une horrible douleur dans ma main et j'ai tout de suite vu que je m'étais sectionné le pouce gauche. Le sang giclait de toutes parts.

Je me suis traité d'imbécile. Je faisais normalement toujours très attention quand je me servais d'une scie électrique, car elles ont une telle puissance qu'elles tranchent dans le métal comme dans du beurre.

Le client m'a aidé à envelopper mon pouce dans de la glace et m'a conduit à l'hôpital, mais le chirurgien n'a pas pu greffer mon pouce parce qu'il était trop amoché. En y repensant après-coup, j'ai réalisé que la voix qui m'avait prévenu de poser la scie était celle de mon père. Nous étions très proches, jusqu'à ce que sa mort nous sépare, il y a trois ans – et je suis furieux de ne pas l'avoir écouté.

Je ne pouvais plus poursuivre mes activités de menuisier en n'ayant plus qu'un seul pouce, et j'ai décidé de me lancer dans l'écriture du roman auquel je songeais depuis quelque temps. Je l'ai écrit et, chose extraordinaire, j'ai trouvé un éditeur, et le roman a eu un tel succès que l'éditeur m'a encouragé à continuer. J'en suis à mon quatrième roman et j'adore écrire. De ce point de vue, le changement de carrière a donc été une bonne chose. Mais j'aimerais bien récupérer mon pouce !

Peu importe que vous identifiez ou non la voix qui s'adresse à vous. Obéissez d'abord et posez les questions après !

La rencontre de l'âme sœur

Avant de rencontrer celui ou celle avec qui nous passerons notre vie, la plupart d'entre nous empruntent bien des voies de traverse, et l'on se fourvoie aisément. Tout ce que je peux dire, c'est que le (ou la) partenaire qui est le bon (ou la bonne) arrive au moment où vous vous y attendez le moins, et peut-être à un moment où vous n'êtes en quête de personne. Mais soyez attentifs aux signes. Par exemple, il peut y avoir une soirée à laquelle vous avez plus ou moins décidé de ne pas vous rendre. Vous êtes fatiguée, ou pas dans un état d'esprit festif, ou il se peut qu'un bon film passe ce soir-là à la télévision. Mais quelque chose vous travaille. Vous regardez l'adresse du lieu de la fête, et le nom de la rue est le même que le nom de jeune fille de votre grand-mère ; vous ouvrez la porte de votre armoire et vous repérez une tenue dont vous aviez oublié l'existence et qui serait parfaite si vous alliez à cette soirée ; puis un ami vous téléphone et vous propose de vous y emmener. Après toutes ces incitations, vous seriez stupide de ne pas y aller.

Alors, quand vous engagez la conversation avec quelqu'un, soyez attentif aux goûts communs que vous êtes susceptibles d'avoir : par exemple, vous aimez tous les deux *Star Trek*, ou les biscuits au fromage, ou la couleur violette. Votre interlocuteur(trice) ne ressemble peut-être pas à celui ou celle dont vous avez rêvé. Il (elle) n'est peut-être pas aussi riche, ou n'a pas un métier aussi prestigieux que vous l'aviez rêvé, si vous avez cependant l'impression que vos chemins se sont croisés par un hasard inexplicable, il y a de bonnes raisons à cela.

J'ai reçu un jour en consultation une femme nommée Jackie, et voilà qu'« on » me dit qu'elle allait bientôt rencontrer son âme sœur : un homme ayant des ascendances étrangères, les cheveux poivre et sel, et qui apparemment habitait déjà à deux pas de chez elle. Mais les esprits me dirent que toute l'affaire pouvait ne tenir qu'à un fil – tels étaient les termes exacts. Je transmis tout cela à Jackie. Voici ce qui se passa ensuite.

Un homme prénommé Iain est venu travailler au collège où j'enseigne, à Exeter. À première vue, je l'ai trouvé un peu bizarre et je n'ai pas engagé la conversation avec lui, mais un jour où j'avais un problème avec un nouvel ordinateur, j'ai demandé dans la salle des professeurs si quelqu'un pouvait m'aider.

« Stuart ou Iain, voilà l'homme qu'il te faut », me suggéra une collègue. Elle prit son portable, et chercha les numéros : elle n'avait pas celui de Stuart – seulement celui de Iain. Je le notai et j'appelai Iain pour lui demander de l'aide.

Il est venu à mon bureau et a très vite réglé mes problèmes d'ordinateur. Il s'est ensuite montré plein de sollicitude, installant de nouveaux logiciels et un antivirus qui me simplifieraient la vie. Il refusa tout dédommagement en échange de la somme de travail fourni, je l'ai donc invité à dîner en guise de remerciement.

La conversation au cours du repas fut agréable mais je n'en pensais pas plus, jusqu'au moment de son départ, où nous nous sommes dit bonne nuit en nous embrassant amicalement. J'eus soudain l'impression qu'un éclair me transperçait et je me sentis violemment attirée par lui. Une voix forte résonnait dans ma tête : « C'est lui qui sera ton compagnon de route », et je me rendis compte que ce devait être la voix d'un ange.

Tout coïncidait. Je remarquai que Iain avait des cheveux gris. Il mentionna le fait qu'il habitait tout près de chez moi. De plus, il est écossais, ce qui, dans le sud de l'Angleterre d'où je suis originaire, équivaut à être étranger… Tous les signes indiqués par Dorothy étaient présents.

Iain étant nettement plus jeune que moi, je ne voulais pas d'une passade avec un « gamin », je restai donc sur mes gardes au début de notre relation, mais je me suis vite aperçue que nous étions de vrais partenaires à égalité et que la relation était sincère. Nos deux familles s'entendent bien, et il plaît à tous mes amis. En fait, il s'est avéré que, loin d'être un nouveau venu dans l'établissement, il travaillait au collège depuis plus d'un an, mais nous ne nous étions jamais croisés. La rencontre n'aurait jamais eu lieu si les anges ne nous avaient pas réunis.

Il a fallu beaucoup de persuasion pour amener Jackie à admettre l'évidence qui était là, juste sous son nez : le message que je lui avais transmis, ses problèmes d'ordinateur, le fait que sa collègue n'ait eu que le numéro de téléphone de Iain, et pas celui de Stuart, puis la forte pulsion de désir et les paroles de l'ange résonnant dans sa tête après le dîner. Tout ne tenait qu'à un fil, mais elle a fini par y arriver, et ils sont toujours aussi heureux ensemble.

Ce ne sont pas toujours des histoires d'amour qui commencent avec des messages angéliques. Si vous vous liez d'amitié avec quelqu'un, et que vous preniez conscience du nombre de coïncidences qui vous lient – soit que vous connaissiez tous les deux la même personne à l'université, soit que vous découvriez que vous avez visité le Taj Mahal le même jour cinq ans auparavant, soit que votre compagnon (compagne) travaille pour la même société que la vôtre (la sienne), cela signifie que votre amitié était programmée et que tous ces éléments vont y contribuer d'une manière ou d'une autre. Peut-être n'allez-vous pas comprendre tout de suite comment ce coup de pouce agira mais, plus tard, en regardant en arrière, cela vous apparaîtra comme une évidence.

Bien sûr, les anges ne se contentent pas de nous dire avec qui il ferait bon vivre, mais aussi avec qui éviter de vivre.

Les mariages à éviter

Les anges s'efforcent de vous protéger quand vous fréquentez la mauvaise personne, afin de vous éviter de perdre votre temps. Ils attirent à répétition votre attention sur de petits détails et instillent le doute dans votre esprit. Ce sont juste de petits rappels à l'ordre, et il se peut que vous les ignoriez pendant un grand laps de temps, mais ils finiront par faire boule de neige. Si votre compagnon ou compagne ment, les anges planteront dans votre tête le mot « mensonges ». Ou bien ils vous mettront sous les yeux un gros titre de journal disant : « Méfiez-vous. » Peut-être ne lirez-vous même pas le reste de l'article, mais cette expression se sera insinuée dans votre conscience. Votre énergie sera orientée en direction des aspects négatifs de votre partenaire. Personne ne peut décider pour vous, puisque vous avez votre libre arbitre, mais finalement tellement de doutes s'infiltreront dans votre esprit que vous serez amené(e) à prendre une décision.

Une dame prénommée Grace m'a expliqué pourquoi elle avait annulé son mariage une semaine avant le grand jour.

Nous nous connaissions depuis un an mais, après sa demande en mariage, je me suis laissé prendre dans un tourbillon de listes d'invités et de menus, au point d'avoir l'impression de ne plus avoir une minute à moi pour prendre le temps de réfléchir. Un jour, je lui ai dit que j'allais chez le fleuriste pour discuter du choix des fleurs, et il m'a dit qu'il aimerait m'accompagner.

Quand nous sommes arrivés, le fleuriste avait en stock certaines des fleurs de mon choix – mes préférées étant des lys magnifiques aux pétales blancs veinés de rose indien du plus bel effet.

« Ahhh… beurk ! », s'est écrié mon fiancé. Tu as vraiment l'intention d'acheter ces fleurs ?

— Oui, c'est ma fleur préférée, lui ai-je répondu, blessée par sa réaction.

— Je déteste leur odeur. Il va falloir que tu choisisses autre chose, les lys, c'est hors de question. »

Ce n'était pas le fait qu'il n'aime pas les lys ; mais sa façon de me dire ce à quoi j'avais droit ou pas le jour de mon mariage m'a fait dresser les cheveux sur la tête.

« Tu n'as pas le droit de me dire ce que j'ai à faire ! ai-je répliqué.

— Que les choses soient bien claires : si j'apprends qu'il y a des lys dans ton bouquet, inutile de m'attendre à l'église. »

J'ai ressenti cela comme une gifle. J'ai soudain eu le sentiment qu'il ne m'aimait pas suffisamment – sinon il m'aurait laissé choisir les fleurs que je voulais. J'ai accepté de modifier mon choix et nous sommes rentrés à la maison.

Nous étions à trois semaines du mariage et voilà qu'en se penchant par-dessus mon épaule pour regarder le plan de table il a dit : « Nous avons beaucoup trop d'invités du côté de ta famille. Il faut que tu t'en tiennes à la famille proche. »

J'étais horrifiée. « Mais je ne peux pas décommander des gens que j'ai déjà invités.

— Tu n'as qu'à leur dire que nous sommes désolés, mais que nous avions prévu trop grand par rapport à l'espace disponible. »

J'ai bien vu qu'il n'en démordrait pas et j'en ai été très contrariée. Il ne proposait pas de réduire le nombre d'invités de sa famille, et moi, sans explications, j'étais obligée de le faire pour la mienne. Je ne l'avais jamais vu sous ce jour jusqu'ici. J'en ai parlé à ma mère et je lui ai fait part de mes doutes, mais elle m'a persuadée du fait qu'il était trop tard pour changer d'avis et que j'avais simplement la « trouille », comme la plupart des futures mariées à un moment ou à un autre.

Mais les mots « Ne l'épouse pas, ne l'épouse pas » commencèrent à résonner en boucle dans ma tête.

Environ dix jours avant le mariage, j'étais allongée sur mon lit et m'imaginais descendant la nef en robe de mariée, et je n'y arrivais pas. Ma robe avait plutôt l'air d'être noire que blanche et le sol de l'église était jonché de feuilles mortes soulevées par le vent. En désespoir de cause, j'ai fini par demander : « S'il y a des anges dans les parages, je vous en prie, dites-moi quoi faire. »

Et la voix a de nouveau résonné dans ma tête : « Ne l'épouse pas, ne l'épouse pas. » J'ai alors réalisé que, depuis le début, c'était la voix d'un ange qui me parlait.

Quand j'ai annoncé à mon fiancé que j'annulais le mariage, il est devenu vraiment méchant. « Tant mieux, parce que moi non plus je ne veux pas t'épouser. » Nous avions acheté une maison ensemble, mais il a fait changer les serrures pour que je ne puisse pas y avoir accès, et il a commencé à dire à tous nos amis que j'étais frigide, et à tenir toutes sortes de propos horribles sur mon compte. Mais comment ai-je pu me croire amoureuse de cet homme ?

J'avais fait les réservations pour la lune de miel, et j'avais encore les billets ; j'ai donc décidé de partir seule pour me reposer et me remettre du stress des dernières semaines. Une fois sur place, je suis allée me promener sur la plage et je me suis assise sur le sable. Un ballon a soudain rebondi contre le muret où j'étais adossée ; un homme courait après ce ballon. En me voyant, il s'est arrêté et m'a demandé si ça allait. J'ai fini par lui parler de mes fiançailles rompues, et il avait l'air de comprendre exactement ma réaction. Nous sommes allés prendre un café – et le résultat, c'est que dix-huit mois après nous étions mariés. C'est un homme plein de bonté qui me rend très heureuse.

Je ne connais personne qui, ayant pris, à la suite des avertissements répétés des anges, la même décision que Grace, ait jamais regretté son geste. Si les choses ne doivent pas se faire, c'est qu'il y a de bonnes raisons à cela. Les anges, eux, ont la bonne réponse !

Ultimatum au pied de l'autel

Avant de dire que Grace a annulé son mariage dans des délais vraiment très brefs, attendez d'avoir entendu l'histoire de Sheila !

J'étais devant l'autel aux côtés de mon fiancé, attentive aux paroles du pasteur qui était en train de célébrer notre mariage. Quand il en est arrivé à la formule « Sheila James, voulez-vous prendre pour époux Raymond Parks, ici présent ? », J'ai ouvert la bouche et ce sont les mots : « Non, jamais. Non ! » qui en sont sortis. La voix était claire et forte, mais ce n'était pas la mienne. Mon fiancé était abasourdi, les invités ont commencé à chuchoter derrière notre dos et j'ai fondu en larmes.

Le pasteur nous a emmenés dans une pièce à l'écart pour discuter et, les dents serrées, mon fiancé m'a dit qu'il fallait retourner dans l'église et terminer la cérémonie parce que j'étais en train de le ridiculiser. Il m'a rappelé que tout était déjà réglé – la réception, la lune de miel, les fleurs, les vêtements – et que ce n'était pas remboursable. À aucun moment, il ne m'a dit qu'il m'aimait.

Même si j'étais gênée par les paroles qui m'avaient échappé à l'autel, je savais que j'allais faire une erreur en l'épousant.

« Je suis désolée, ai-je dit, mais je ne peux pas. Nous ne sommes vraiment pas faits l'un pour l'autre. »

Son attitude a changé instantanément.

« Dans ce cas, je vais te faire un procès pour toutes les dépenses engagées. Tu vas tout payer

Sans compter les dédommagements pour la honte que tu m'infliges. »

C'est alors que j'ai su que j'étais dépêtrée du piège. Mon fiancé était un homme très autoritaire qui ne cessait de me brimer et de me faire passer pour une idiote en toute occasion. Je ne crois pas que j'aurais eu le courage de dire « non » moi-même, mais je suis reconnaissante à l'ange qui a mis ces mots dans ma bouche. Cela m'a évité de grands malheurs prévisibles.

Ce soir-là, je suis sortie dîner avec mes parents, et papa a commandé une bouteille de champagne.

« En quel honneur ? lui ai-je demandé.

— Nous fêtons ton refus d'épouser cet homme, a-t-il dit. Ta maman et moi avons toujours pensé que ce n'était pas l'homme qu'il te fallait, mais jusqu'ici, nous ne pouvions pas te le dire. »

Heureusement que mon ange, lui, me l'a dit !

C'est toujours une sensation étrange que d'entendre une autre voix sortir de soi. Lorsque cela m'arrive au cours d'une séance, la voix n'a pas la même intonation que la mienne, elle a tendance à utiliser des mots plus précis, et à s'exprimer dans un anglais meilleur que le mien. Je ne me suis jamais exprimée dans une langue étrangère – en tout cas pour l'instant –, mais de grands mots (que je n'utiliserais pas en temps normal) sont parfois sortis de ma bouche, ce qui ne manque pas de me surprendre chaque fois.

Un collaborateur mal choisi

Nous faisons tous des erreurs. J'en ai fait moi-même plus souvent qu'à mon tour. Certes, on peut toujours reprendre le droit chemin, mais ce n'est pas forcément facile. Il arrive parfois que nous soyons confrontés à des défis à relever, afin de nous donner une bonne leçon. Tel fut probablement le cas pour mes activités de traiteur, il en fut de même pour Susie, qui avait sa propre société de décoration d'intérieur.

Cela faisait presque quatre ans que j'avais monté ma société, et les affaires prenaient de plus en plus d'ampleur. Toutes mes commandes m'arrivaient grâce au bouche à oreille, et chacun des clients pour qui je concevais la décoration d'une pièce ou de toute une maison semblait ravi du résultat, Après un certain temps, je me suis retrouvée enlisée dans les problèmes administratifs, tels que la facturation et la TVA, qui me tenaient à l'écart de l'aspect créatif des choses ; je décidai donc de recourir aux services d'un directeur financier. Je tombai sur quelqu'un qui paraissait très compétent et qui avait énormément d'idées pour me faire faire des économies, j'acceptai donc de l'engager. J'étais très occupée à l'époque et il tombait à pic. Quand j'y repense, je sais bien à présent qu'il y avait cette petite voix dans ma tête cherchant à m'avertir, mais je n'en ai pas tenu compte parce que j'avais besoin d'aide.

Sept mois après l'avoir embauché, en entrant un jour dans le bureau, j'entendis une voix me dire : « Vol ! » Je l'ignorai, mais à quatre reprises dans la même semaine j'entendis le mot « Vol ! », puis : « Vol ! À ton détriment ! » Je décidai qu'il allait falloir être vigilante et découvrir ce que tout cela voulait dire.

À la fin de la semaine, mon directeur financier vint me voir, me disant qu'un emprunt bancaire était nécessaire pour traverser une période de crise de liquidités.

« Mais quel est le problème ? lui demandai-je, surprise. Je n'ai pas cessé de travailler. Nous ne devrions pas manquer de fonds. »

Mais il affirma avec insistance que tel était pourtant le cas.

« Il faut que je vérifie les livres de compte pour voir ce qui se passe, lui dis-je.

— Vous ne me faites pas confiance ? dit-il d'un ton plaintif. C'est moi qui suis censé faire les comptes, pas vous. »

Mais j'insistai. « Si je vais à la banque pour emprunter de l'argent, je dois avoir une idée claire des problèmes qui affectent mon entreprise. »

Je passai au peigne fin les livres de compte et j'eus la surprise de découvrir qu'au cours des deux derniers mois une somme de 9 000 livres (soit environ 12 000 euros) avait été retirée en argent liquide.

« À quoi cette somme était-elle destinée ? demandai-je.

— Je n'ai pas sorti cet argent, répliqua-t-il sèchement. Ce doit être vous. »

Mais je savais que je n'avais pas retiré cet argent, et il était la seule autre personne ayant accès au compte. Nous nous sommes violemment disputés à ce sujet et j'ai fini par lui intimer l'ordre de quitter la société. Il m'a dit que, si je voulais le mettre à la porte, il faudrait lui verser une indemnité de départ, faute de quoi il me poursuivrait pour licenciement abusif – alors je lui ai demandé s'il voulait que je prévienne la police pour qu'ils mènent l'enquête sur la disparition des 9 000 livres, et il est parti sans demander son reste.

Certes, j'avais perdu cet argent, mais j'avais appris une leçon – à savoir qu'il fallait que je prenne mon temps quand il était question de nommer des responsables chargés de gérer mes biens. J'ai fait passer des entretiens à plusieurs candidats et, pendant que je m'entretenais avec l'un d'entre eux, les mots « C'est la bonne personne » résonnèrent dans ma tête. C'est cette personne-là que j'ai engagée – et elle s'est révélée être la bonne.

Quand j'ai rencontré Susie, j'ai tout de suite perçu qu'elle était née d'une grossesse gémellaire, mais que sa jumelle était morte dans le sein maternel en tout début de grossesse. Le cas est plus fréquent qu'on ne le croit et, quand il se produit, le jumeau mort sert de guide spirituel à celui qui naît viable. Les gens à qui cela arrive se sentent souvent seuls dans la vie, et, ils ont tendance à se sentir coupables, comme si tout était leur faute. Ils sont très souvent « accros » au travail, comme l'est Susie, et très enclins à aller jusqu'au bout de leurs projets.

Lorsque j'ai dit à Susie qu'elle avait eu une sœur jumelle, elle a d'abord été ébahie mais, après avoir admis les faits, elle a été à même de permettre à sa jumelle de l'aider à prendre ses décisions dans la vie. Elle lui a donné un nom – Phoebe – et elle lui parle : quand elle est confrontée à un problème, elle lui demande conseil.

Phoebe aide aussi Susie dans son travail. Toute créativité est une forme de spiritualité. Tous ceux, sans exception, qui écrivent, font de la peinture, de la sculpture, du dessin, du design, de la musique ou des films, sont guidés par des anges. Il leur suffit de s'asseoir, et l'inspiration coule en eux tandis que les esprits se servent de leurs mains ou de leur voix comme d'autant d'outils avec lesquels ils peuvent aider les autres. De nombreux artistes au fil des siècles ont essayé de décrire le sentiment qu'ils éprouvent quand leur « muse » prend le relais et certains ont dit avoir alors l'impression d'être utilisés par un intermédiaire qui se situe en dehors d'eux, comme un réceptacle à travers lequel les idées sont transmises. Ils ont absolument raison. C'est exactement ainsi que cela fonctionne.

Quand les écrivains sont face à un blocage, que les peintres n'arrivent pas à trouver la touche juste pour leur tableau, ou que les compositeurs n'arrivent pas à trouver les accords adéquats dans une sonate, c'est qu'ils ne sont pas pleinement ouverts à l'aide de leurs anges. Mais lorsqu'ils écoutent, et qu'ils acceptent cette aide, leur travail se déroule harmonieusement et sans heurts, tandis qu'ils œuvrent en collaboration avec les anges.

Un livre très spécial

Edward, qui est professeur de littérature anglaise, apprit un jour qu'il était atteint d'une forme particulièrement grave de cancer, décelée tout d'abord sous la forme d'une tumeur dans le muscle de la cuisse, elle s'étendit rapidement. Il fut amputé des deux jambes, et le traitement – une radiothérapie et une chimiothérapie – fut inefficace. Finalement, l'oncologue lui déclara que l'on ne pouvait plus rien faire pour lui et qu'il ne lui restait plus que six semaines à vivre. Il vint me voir parce qu'il commençait à se poser des questions sur ce qui allait se passer après sa mort, et je parvins à lui expliquer ce processus, mais je reçus en même temps un message urgent de la part des esprits, indiquant qu'il devait remettre les choses en ordre avec son fils, afin qu'ils arrivent à se comprendre avant qu'il quitte la Terre. Voici son histoire.

Après le diagnostic, je pris le recul nécessaire pour faire le bilan de mon existence, et ma visite à Dorothy faisait partie de la démarche. Je savais, avant même qu'elle me le dise, que la seule tâche inachevée concernait mes relations avec mon fils Graham. Je l'aime énormément, mais nos rapports étaient devenus très distants, entièrement par ma faute. J'ai toujours eu des difficultés à exprimer mes émotions, et j'ai eu trop souvent une attitude critique, avec pour conséquence l'éloignement de mon fils. Je souhaitais désespérément sortir de cette impasse avant de mourir, et faire savoir à Graham combien je l'aimais, mais les mots n'arrivaient simplement pas à franchir mes lèvres. J'avais depuis trop longtemps perdu l'habitude de dire « je t'aime » à quiconque – y compris à ma femme bien-aimée. Graham me rendit visite pendant la période de traitement, il m'avait apporté des magazines et des grappes de raisin, et nous avions bavardé poliment de politique et évoqué des sujets d'actualité, mais je n'ai pas réussi à avoir avec lui la conversation souhaitée, où des sentiments se seraient exprimés.

C'est alors que Dorothy a entendu la voix de mon père, disant en termes précis et succincts : « Écris un livre sur ta vie. » J'ai tout de suite pensé : « Humm... L'idée n'est pas mauvaise. » Au fil des ans, j'ai vécu pas mal d'expériences intéressantes. J'ai été prisonnier de guerre, j'ai eu des liens d'amitié avec de nombreux écrivains connus et j'ai travaillé dans plusieurs commissions gouvernementales concernées par les disciplines artistiques. Je pourrais inclure tout cela dans le livre, mais surtout, je pourrais parler du jour où mon fils est né, et où je l'ai tenu pour la première fois dans mes bras, et de ma fierté devant la réussite de Graham dans la vie. Ce serait un testament pérenne adressé à ce fils qui est mon grand amour.

Mais me restait-il assez de temps pour écrire ce témoignage ? Écrire un livre en six semaines, serait-ce possible ? Je m'installai sur le canapé du salon et commençai immédiatement à dicter mon texte sur un magnétophone, et j'embauchai un voisin serviable pour le taper à la machine chaque soir. Une fois lancé, j'ai vu que les mots coulaient comme d'une source venue de nulle part. Les phrases auxquelles, dans mon souvenir, je n'avais de prime abord pas pensé, sortaient de ma bouche comme si elles venaient d'ailleurs, d'un lieu extérieur à moi. J'avais entendu certains de mes amis écrivains décrire ce phénomène, mais je n'en avais jamais moi-même fait l'expérience et c'était très étrange. C'est l'expérience la plus intense que j'aie jamais vécue : mes pensées venaient naturellement.

Je dictais tous les jours jusqu'à l'épuisement, et les pages commencèrent à s'entasser. Mais la sixième semaine approchait et je n'en étais même pas à la moitié de mon histoire. J'avais peur de mourir avant d'avoir pu la terminer, je travaillai donc encore plus dur. La sixième, puis la septième, puis la huitième semaine passèrent : on aurait dit que l'écriture du livre me donnait la force de continuer à vivre. En outre, je prenais moins de médicaments contre la douleur, parce que je ne voulais pas être trop « assommé » pour écrire – et pourtant la douleur ne me perturbait pas. C'est à peine si je la remarquais.

Je continuai à écrire, les mois passèrent, et les médecins étaient fort étonnés de me voir toujours en vie. À l'aune de leurs connaissances médicales, j'aurais dû être mort depuis longtemps, mais pour des raisons inconnues je continuais à vivre, j'écrivais toujours, presque chaque jour. Lorsque j'arrivai à la dernière phrase, cela faisait presque un an que l'on m'avait prédit qu'il me restait six semaines à vivre. Comme j'écrivais les ultimes mots, la voix de mon père résonna dans ma tête : « À présent, tu es un homme accompli. Il est temps de rentrer à la maison. »

Une fois le livre terminé, je l'ai donné à Graham, attendant son verdict avec angoisse. Une semaine après, il est venu me voir, il est entré dans la chambre et m'a simplement serré très fort dans ses bras en disant : « Je t'aime, papa. » Et je lui ai dit : « Moi aussi, je t'aime. » Ce fut un moment merveilleux.

La dernière fois que j'ai vu Edward, je savais qu'il n'avait plus que quelques jours à vivre, mais sa mission était accomplie. Après sa mort, j'ai reçu une très belle lettre de sa femme, me remerciant de l'avoir incité à écrire ce livre. Elle me disait qu'elle et son fils avaient conservé tous les enregistrements ainsi que toutes les pages retranscrites, et que ces documents les avaient tous deux beaucoup aidés. Edward était un homme très replié sur lui-même et elle n'avait pas toujours su ce qui se passait dans sa tête, mais à travers ce livre il exprime tous ses sentiments les plus profonds.

Les médecins n'ont jamais pu expliquer pourquoi Edward avait continué à vivre si longtemps après le délai initialement prévu, mais moi je sais que les anges l'ont entouré d'une bulle protectrice tandis que les mots jaillissaient de lui. Il était essentiel qu'il apprenne à s'exprimer au cours de cette vie. Telle était la leçon qu'il avait à apprendre, et il y est arrivé juste à temps.

Le choix d'un lieu de vie

Les anges peuvent nous aider face aux grands problèmes que sont, par exemple, l'expression de notre créativité, la rencontre de l'amour ou le choix de la carrière coïncidant le mieux possible avec nos talents, mais ils peuvent aussi nous aider à résoudre les petits problèmes de la vie quotidienne. Songez à la façon dont on choisit une nouvelle maison ou un nouvel appartement. La décision de louer ou d'acheter, le choix de telle ou telle zone géographique – voilà un domaine où nous recevons des conseils de la part des anges, que l'on s'en aperçoive ou non.

Lorsqu'un agent immobilier vous fait visiter un nouveau domicile potentiel, tous vos sens sont en éveil, ouverts à tout. Quelle odeur vous accueille dès l'entrée ? A-t-on une impression de froid ? Dans quelle mesure les lieux sont-ils éclairés par la lumière naturelle ? Quels bruits sont perceptibles ? Celui du trafic provenant de la route toute proche ? Peut-être allez-vous caresser le bois de la rampe, ou sonder le mur en le frappant du doigt, ou bien ouvrir le robinet de la cuisine pour vérifier la pression de l'eau. Pendant tout ce temps, vous recevez les messages à l'intérieur de votre tête, et vous vous en servez pour émettre un jugement : oui ou non, seriez-vous heureux de vivre là ?

La plupart d'entre nous se décident très vite. Soit vous avez une bonne impression, soit vous êtes dans le cas inverse, sans que vous puissiez toujours dire pourquoi. C'est parce que les anges vous guident, vous indiquent si vivre là fait ou non partie du programme de votre existence. S'ils vous envoient des avertissements négatifs, vous allez vous sentir mal à l'aise, vous pouvez même avoir la chair de poule.

Michael, mon mari, m'a toujours laissé le choix de notre lieu de vie. Quand j'ai trouvé la maison où nous vivons à l'heure actuelle, elle venait juste d'être enregistrée dans les dossiers de l'agence et nous n'avions aucun des renseignements d'usage, mais dès notre arrivée au bas de l'allée menant à la maison, je lui ai dit : « C'est celle-là !

— Mais voyons ! Nous ne l'avons même pas encore visitée », a-t-il répondu, mais moi, je savais. Nous avons ouvert la porte, nous sommes entrés et j'ai tout de suite pensé : « Oui, voilà ma cuisine, voilà mon salon », et je voyais déjà où iraient tous mes meubles.

Avant de partir en quête d'une maison, je sollicite toujours l'aide des anges. Il me faut un lieu de vie qui convienne à Michael et à moi-même, qui permette d'accueillir la famille, et aussi mes animaux (à l'époque de notre dernier déménagement, nous avions deux chiens et deux chats). Jusqu'ici, les anges ne m'ont jamais laissée tomber, même si parfois les conseils n'arrivent qu'*in extremis*.

À un certain moment, j'avais été informée que le chiffre cinq aurait une importance. Nous avons donc cherché inlassablement une maison située au numéro cinq, mais sans succès. Les agents immobiliers sont habitués à recevoir toutes sortes de requêtes bizarres, mais je sais qu'ils me croyaient un peu fêlée quand je leur ai demandé de chercher une maison dont l'adresse soit le numéro cinq. Et puis, un jour où je parlais de nos problèmes avec un ami, il m'a dit qu'il vendait la maison de son père. Le vieil homme était aveugle et de plus en plus fragile, il allait donc emménager chez ses enfants. Michael et moi sommes allés visiter la maison – elle était parfaite – idéalement située et très bien agencée. Nous connaissions seulement la maison par son nom et ce n'est qu'en recevant les papiers officiels que nous nous sommes aperçus qu'elle était située au numéro cinq. Là, au moins, j'ai su que j'avais effectivement pris la bonne décision.

À une autre occasion, alors que j'étais à la recherche d'une maison à louer, « on » m'a signalé l'importance qu'il fallait accorder à une chouette. Nous avons très vite trouvé une jolie maison, et accepté de nous engager immédiatement auprès de l'agent immobilier. C'est seulement en repartant que je me suis retournée pour avoir une dernière vue d'ensemble, et que j'ai aperçu sur la toiture du garage une chouette en pierre…

Certes, cela peut prendre un certain temps, mais je vous recommande de continuer vos recherches jusqu'à ce que vous trouviez un lieu où vous vous sentez bien. Si vous êtes forcés de rester dans un lieu de vie qui ne vous convient pas vraiment – peut-être parce que vous êtes trop pressés d'avoir un toit sur votre tête –, vous pouvez recourir à cette petite cérémonie pour éliminer toute influence négative du lieu en question. Allumez deux bougies blanches et une rose et laissez-les se consumer entièrement (sans toutefois mettre le feu à la maison par la même occasion !). Récitez une formule du genre : « J'apporte l'amour et la paix dans ce lieu (nommez-le, si vous voulez). Que tout ce qui est négatif soit banni de ces lieux, au nom de Dieu, du Christ et de tout ce qui est bon. » Faites-le de tout votre cœur et avec conviction, et ce mini-exorcisme fonctionnera pour vous.

Le chemin le plus court

Au niveau du quotidien, les anges peuvent donner des conseils sur des questions d'ordre pratique telles que les vêtements qu'il faut porter, le menu à prévoir en telle ou telle circonstance, et même la manière d'éviter les embouteillages en vous rendant à une réunion importante. Une femme prénommée Hilary m'a raconté l'histoire suivante.

À la mort de ma grand-mère, je ne m'étais pas particulièrement inquiétée de la façon dont son testament prévoyait le partage de son argent et de ses biens, mais avais très envie d'avoir, en souvenir d'elle, certains objets personnels – peut-être un bijou ou un tableau. C'était une femme très aimée et nous étions tous, après son décès, plus en proie à la tristesse que préoccupés par ce que nous pourrions en retirer. Mais un cousin, qui n'avait guère eu de contacts avec grand-mère au cours des dix dernières années, m'appela pour me prévenir qu'il contestait le testament, parce qu'il estimait avoir droit à une part de son argent beaucoup plus conséquente que celle qui lui était allouée.

J'ai alors appelé mes enfants et nous nous sommes, sans grand enthousiasme, mis d'accord pour une rencontre en face à face plutôt que des arguties avec les notaires et de coûteuses procédures.

Le jour dit, je pars en voiture dans la direction du lieu choisi pour la réunion mais, une fois à peu près à mi-chemin, j'aperçois un panneau signalant que la route est coupée pour cause d'inondation, et une flèche indiquant la déviation. Je n'y ai pas trop prêté attention, parce qu'il avait beaucoup plu ces derniers temps et tout cela semblait plausible. J'ai donc pris la déviation et suis arrivée au lieu du rendez-vous où mes enfants étaient déjà arrivés – mais aucun signe de mon cousin.

En attendant, nous avons discuté des conditions du testament, et nous sommes tombés d'accord sur l'idée que, tout en insistant pour que les volontés de grand-mère soient respectées, nous pouvions peut-être faire quelques concessions en faveur de notre cousin, pour qu'il ne se sente pas lésé. La discussion était calme et chaleureuse, sans aucun des débordements émotionnels qui auraient été de mise si ce cousin avait été présent, et nous avons convenu d'un geste généreux qui, espérions-nous, le satisferait.

Il est arrivé avec un retard d'une heure environ, se plaignant d'avoir été retardé par une inondation qui l'avait obligé à faire volte-face et un énorme détour.

« Mais tu n'as pas vu les panneaux de déviation ? », lui ai-je demandé, et je lui ai expliqué où je les avais vus.

Il était passé exactement au même endroit que moi, et il jura n'avoir vu aucun panneau annonçant une inondation. Était-il possible qu'on les ait retirés juste après mon passage ? Mais pourquoi aurait-on fait cela ? En rentrant chez moi, je vérifiai : effectivement, ils n'y étaient plus.

C'est alors que je me suis dit que grand-mère avait fait en sorte que je voie un panneau de déviation, afin de nous permettre de nous rassembler et de discuter hors de la présence de mon cousin, nous mettant ainsi en mesure de trouver la solution au problème.

Hilary n'a pas entendu la voix de sa grand-mère ce jour-là, mais elle dit avoir eu la conviction que celle-ci avait installé des panneaux de déviation, et je crois que c'est sans doute ce qui s'est passé. De toute façon, l'histoire a eu une fin heureuse, car son cousin a accepté leur offre et tout s'est bien terminé.

Spectacle à la gare de Reading

Voici une histoire exemplaire que m'a racontée Johanna : elle explique pourquoi à l'avenir elle écoutera toujours les voix qui résonnent dans sa tête.

Je me trouvais dans un train presque vide, à destination de la gare de Reading, où je devais retrouver mon amie Jane : nous devions prendre ensemble l'avion pour un séjour en Égypte. Juste avant d'arriver à Reading, je suis allée aux toilettes et, en regagnant ma place, je me souviens d'avoir entendu une voix dans ma tête. Il me semble qu'elle disait : « Baisse ta jupe », mais je n'en ai pas tenu compte, la tête pleine de projets et toute à mes rêves de voyage.

Je suis descendue du train et j'ai traversé toute la gare jusqu'au lieu prévu pour notre rencontre, et j'ai entendu la voix me redire : « Baisse ta jupe » – mais je l'ai de nouveau ignorée. Ce n'est qu'en prenant place sur un banc métallique que j'ai réalisé la situation : au contact du métal froid contre mes cuisses, je me suis levée d'un bond. Ma jupe était restée coincée dans la ceinture de ma culotte et j'avais traversé toute la gare en exposant aux regards ma grande culotte et mes grandes chaussettes, prévues pour voyager à l'aise... J'étais gênée au plus haut point. Quand Jane est arrivée, elle s'est tordue de rire en entendant mon histoire.

Johanna m'a dit qu'en y repensant, elle avait cru reconnaître la voix de son petit frère, décédé alors qu'il était tout petit. Elle était très touchée qu'il ait essayé de lui éviter cette gêne, et contrariée de ne pas l'avoir écouté. Je fais le pari qu'elle l'écoutera la prochaine fois !

Une histoire de brocante

Les anges peuvent nous aider lorsque nous perdons des objets. Si vous gardez votre calme et leur demandez de l'aide, il pourrait vous arriver de constater que l'endroit où se trouvent les objets perdus va vous venir en tête. Rosemary a été très reconnaissante aux anges d'être intervenus lors d'une brocante un certain samedi.

Je me suis arrêtée à un stand où étaient exposés de jolis verres, et j'ai décidé de les acheter en prévision des visites de mes petits-enfants. Au moment de payer, j'ai bavardé avec la dame qui tenait le stand, et qui m'a expliqué que, après le décès de son époux quatre ans auparavant, elle avait monté sa petite affaire qui consistait à tenir des stands dans les brocantes.

Je me suis ensuite dirigée vers un autre stand, où j'ai musardé un moment, quand j'ai soudain entendu une voix dans ma tête dire : « Portefeuille, retourne en arrière. » J'ai vérifié dans mon sac à main – effectivement, mon portefeuille n'y était plus, je me suis donc précipitée vers le stand précédent. Il y avait foule à ce moment-là et je craignais d'avoir posé le portefeuille sur l'étal en discutant avec la brocanteuse, et que quelqu'un s'en soit emparé. J'ai fouillé partout sans en trouver trace ; ce qui me contrariait beaucoup, il contenait environ 100 livres (soit 150 euros) en argent liquide et une carte bancaire.

C'est alors que j'ai entendu de nouveau la voix dans ma tête, et je l'ai identifiée comme étant celle de Martin, mon fils décédé. « Regarde sous l'étal, sous un panier », disait la voix. J'ai soulevé un panier qui se trouvait en dessous de l'étal : mon portefeuille était là, avec tout son contenu intact. Il avait dû tomber par terre et, sans y prendre garde, quelqu'un l'avait poussé du pied sous l'étal.

La brocanteuse m'a invitée à m'asseoir et à boire un café avec elle, et je lui ai parlé de la voix de Martin. Je sais qu'il m'accompagne et qu'il veille sur moi chaque jour, et je lui en suis tellement reconnaissante !

Des ordres exécutés et une vie sauvée

Voici une autre histoire impliquant un ange qui donne des directives très pratiques juste au moment ou l'on en a besoin, telle que me l'a racontée Christina, l'une de mes clientes.

Je me rendais en voiture chez une amie un après-midi, en suivant de très jolies petites routes de campagne. Le soleil brillait et les haies étaient constellées de fleurs sauvages multicolores. J'entendis soudain dans ma tête résonner ce mot « Attends ! », et le ton était si péremptoire que je décidai de stopper. Je me suis donc garée et je suis sortie de la voiture, mais n'ai rien remarqué de spécial. Je m'apprêtais à remonter dans la voiture quand j'ai de nouveau entendu : « Attends ! » Je suis restée là encore quelques minutes, me sentant ridicule, puis j'ai décidé de poursuivre ma route. Je venais de tourner la clé de contact quand une voiture a surgi soudain du virage un peu plus loin devant moi – et elle est tombée dans un fossé profond. Il y a eu un fracas de tôle froissée, puis le silence, et j'ai vu un filet de fumée sortir de l'avant.

Je me suis précipitée vers la voiture : le conducteur avait perdu connaissance et il était apparemment coincé par la portière que le choc avait pliée vers l'intérieur. J'ai sorti mon portable de mon sac et appelé les secours, décrivant le lieu exact de l'accident, et on m'a promis d'envoyer une ambulance dans les plus brefs délais. Après ce coup de fil, j'ai senti une forte odeur d'essence. Il fallait faire sortir cet homme de là avant que le véhicule prenne feu – mais comment faire ?

Je me suis adressée aux anges. « Vous m'avez amenée jusqu'ici, alors à présent montrez-moi ce que je dois faire. »

À peine ces mots prononcés, j'ai entendu un grand fracas métallique et l'arrière de la voiture s'est enfoncé un peu plus profond dans le fossé. Un coup d'œil attentif m'a permis de constater que la portière arrière s'était ouverte au cours de la glissade. J'ai rampé jusque dans la voiture, le conducteur gémissait, il était en train de reprendre connaissance.

« Où suis-je ? a-t-il marmonné.

— Vous venez d'avoir un accident, il faut que je vous fasse sortir de la voiture. »

J'ai de nouveau mentalement demandé aux anges de me guider.

L'idée m'est venue à cet instant-là de vérifier si je pouvais atteindre le levier pour abaisser complètement le dossier de son siège – c'est ce que j'ai fait, et je me suis rendu compte que, dans cette position-là, je pourrais, en le tirant, l'extraire de la voiture par la porte arrière. Je ne suis pas d'une force exceptionnelle mais, après avoir passé les mains sous ses aisselles, je l'ai fait glisser sans difficulté hors du véhicule et l'ai allongé sur l'herbe du talus.

« Éloignez-vous ! », a dit une voix dans ma tête, et j'ai persuadé l'homme de se lever, de s'appuyer sur moi et, en boitillant, nous nous sommes éloignés d'une vingtaine de mètres. Il venait à peine, avec mon aide, de s'asseoir sur le talus, quand les flammes ont commencé à lécher le flanc de la voiture. Le réservoir a alors explosé dans un vacarme étourdissant.

« Oh, mon Dieu, vous m'avez sauvé la vie ! s'est-il alors écrié. Comment pourrai-je jamais vous remercier ? »

Je lui ai dit qu'une voix m'avait ordonné d'attendre, et qu'il devait avoir un ange gardien qui veillait sur lui : il était très ému en entendant ces mots. À présent, chaque fois que je fais un trajet en voiture, je demande toujours à mon ange gardien de veiller sur moi.

Si jamais vous vous trouvez dans une telle situation d'urgence, tâchez de ne pas paniquer. Si vous vous jetez dans l'action sans laisser aux anges un espace de communication où ils puissent entrer en contact avec vous, vous risquez de faire plus de mal que de bien. Mais si vous arrivez à garder votre calme et à demander de l'aide, la réponse vous sera donnée et vous saurez comment agir.

La chirurgie esthétique en question

Il nous arrive parfois, le matin au réveil, d'être troublé ou perturbé par un rêve. Chaque fois que cela se produit, il est essentiel d'analyser et de déterminer les causes du malaise. On ne les trouve pas toujours de manière directe car les rêves peuvent avoir un effet de miroir, où ce qui est à gauche semble se situer à droite, et inversement. Commencez par examiner les sensations que vous ont procuré le rêve, et remontez la filière à partir de là, en y appliquant une réflexion logique.

Quelle peut être la signification des symboles ? Par exemple, si vous avez rêvé qu'il y avait un rat dans votre maison, plutôt que de prendre les choses au pied de la lettre et d'alerter les services de dératisation, réfléchissez au sens qu'a pour vous le mot « rat ». Cela pourrait-il vouloir dire que quelqu'un vous trahit, ou moucharde dans votre dos ? Réfléchissez aux impressions sous-jacentes liées au rêve plutôt qu'aux événements mêmes qui s'y déroulent.

Si un être cher disparu apparaît dans le rêve et vous dit quelque chose, soyez-y attentif. C'est la façon dont les défunts vous passent des messages, surtout si vous ne les écoutez pas lorsque vous êtes en état de veille. Je connais, par exemple, une certaine Matilda qui s'apprêtait à subir une intervention de chirurgie esthétique destinée à modifier sa silhouette – augmentation du volume des seins, réduction du ventre, etc. –, et quinze jours avant la première opération, elle fit le rêve suivant.

Ma mère m'obligeait à regarder dans le miroir mon corps nu, et elle disait : « Regarde ça ! C'est ça que tu veux ? » Et je voyais toutes les cicatrices que laisserait l'opération. Une plante grimpante sortait de l'une de mes cicatrices au sein. J'ai saisi la plante à pleines mains et j'ai essayé de l'arracher, mais les racines étaient trop profondes et elle refusait de céder. Maman ne cessait de répéter : « Regarde la racine ! Regarde la racine ! »

Le lendemain matin, je me sentais très perturbée par ce rêve, qui à mes yeux avait sans nul doute cibler un problème. Je n'avais pas souvent rêvé de ma mère depuis son décès survenu cinq ans auparavant, j'étais donc convaincue que ce rêve avait une signification. J'ai alors décidé de faire une mammographie de ma propre initiative, juste pour vérifier si l'impression suggérée par le rêve était fondée. Et, effectivement, l'examen révéla la présence d'une tumeur cancéreuse. J'ai dû subir une mastectomie, suivie d'une reconstruction mammaire, et j'ai demandé à ce que les chirurgiens augmentent le volume du sein opéré – et par la même occasion celui de l'autre sein, par souci de symétrie. J'ai ensuite subi une chimiothérapie et une radiothérapie, et heureusement ce double traitement a eu raison du cancer.

Après toutes ces hospitalisations, j'ai décidé de renoncer à l'intervention prévue au niveau du ventre. Jamais plus je ne m'infligerai d'opérations qui ne soient pas strictement nécessaires. Pour me débarrasser de ma « bouée de secours », j'ai opté pour l'exercice. À moi les séries d'abdos !

Si Matilda n'avait pas prêté attention à son rêve, et avait subi l'intervention visant à augmenter le volume de ses seins, on aurait probablement découvert sa tumeur, mais elle aurait dû subir une seconde intervention, effectuée par un autre chirurgien. Sa mère le savait, elle s'est efforcée de la protéger, et le rêve était son unique moyen d'expression.

Sauvetage dans le parc

Un policier du nom de John, qui a une vraie vie spirituelle, m'a raconté cette intervention angélique, un jour où il était en patrouille.

Je patrouillais dans la rue depuis environ une heure, et je venais de dépasser le niveau du parc quand j'eus l'impression bizarre de quelque chose d'anormal. J'ai réfléchi depuis à de nombreuses reprises au sentiment éprouvé alors, que je n'arrive pas à décrire de manière claire, mais j'avais juste le sentiment que quelque chose clochait, et mon esprit s'est focalisé sur une zone du parc couverte d'une végétation touffue de buissons et d'arbustes.

J'étais sur le qui-vive car je patrouillais seul ce jour-là, mais une voix m'a dit : « Aide-la. Maintenant. » La voix était aussi claire que s'il s'était agi de ma propre voix et elle semblait toute proche, pourtant il n'y avait personne à côté de moi. Je suis allé vers les buissons, et la voix a de nouveau résonné : « Passe par-derrière. Vas-y. Fais vite. »

J'ai fait le tour par-derrière, et j'ai aperçu un pied nu qui dépassait des buissons. J'ai écarté les branches : une jeune fille gisait là, avec à peine un souffle de vie. « Mon Dieu ! », ai-je crié. J'ai ôté ma veste pour la couvrir et j'ai appelé à l'aide en hurlant à pleins poumons. (C'était avant l'ère des téléphones mobiles, et je ne disposais pas non plus d'une radio.) Un homme qui promenait son chien est accouru, et je lui ai demandé de prévenir les services d'urgence, puis je me suis agenouillé pour faire du bouche-à-bouche et un massage cardiaque à la jeune fille.

Cette jeune fille a survécu à l'agression brutale qu'elle avait subie, et elle a pu identifier son agresseur, qui n'a pas tardé à se retrouver derrière les barreaux. Elle m'a dit que, tandis qu'elle gisait là, à demi consciente, un ange était venu lui dire que tout se passerait bien, et qu'elle allait s'en sortir : elle savait donc qu'elle n'allait pas mourir.

Mes collègues étaient ébahis que je l'aie retrouvée sous une telle épaisseur de végétation et je n'ai pas fait mention de cette voix, que pourtant je n'ai cessé d'entendre pendant toute ma carrière. Quand j'interroge des gens qui me disent qu'une voix leur a ordonné de faire quelque chose, je sais toujours quand ils sont sincères et quand ils sont psychotiques, parce que je suis moi-même habitué à entendre des voix.

Des gens comme Peter Sutcliffe, l'Éventreur du Yorkshire, qui prétendent que des voix leur ont ordonné de commettre des crimes, ne sont pas en communication avec des anges. Les sujets psychotiques ne sont plus en contact avec la réalité et leur cerveau leur joue des tours, soit en raison de lésions cérébrales, soit en raison d'un déséquilibre d'ordre chimique. Ils disent que des anges les poussent à agir, alors que les anges ne peuvent en aucun cas interférer avec notre libre arbitre. Nous *choisissons* d'accomplir les actes que nous faisons et les voix que nous entendons se contentent de nous prévenir ou de nous conseiller, alors que les psychotiques, eux, sont *forcés* d'obéir à leurs voix. En tant que policier, John doit savoir faire clairement la distinction entre ces deux cas de figure.

Ma collaboration avec la police

Mon travail ne se résume pas au fait de consoler les personnes endeuillées et de transmettre des messages aux chers disparus. Il peut se doubler d'applications très pratiques, telles que la collaboration que j'ai entamée avec la police britannique et le FBI aux États-Unis. Je ne suis pas autorisée à révéler grand-chose de ces activités car je travaille en collaboration avec des personnalités de haut rang et de tout premier plan qui seraient embarrassées si l'on apprenait qu'elles ont recours à un médium, mais je tiens à souligner que les principes sont les mêmes que pour tous les autres conseils salvateurs dont j'ai parlé dans ce chapitre. J'ouvre mon esprit, je pose aux anges une question, puis je reste très calme et immobile, à l'écoute de la réponse.

Le premier cas sur lequel j'ai travaillé fut extrêmement pénible, et les circonstances qui m'ont mise en présence de ce cas, qui remonte à un lointain passé, étaient très compliquées. Une de mes clientes était une avocate mariée à un policier et, au cours d'une séance, une image m'est venue – celle du corps d'une petite fille. Ce qu'il y avait de bizarre, c'est que je me souviens d'avoir levé les yeux, et d'avoir vu, au-dessus de ma tête, une sorte de grillage – j'étais la petite fille, donc, et c'est la première fois que cela m'arrivait en pleine consultation. Je communiquais avec cette enfant et en même temps je voyais à travers ses yeux. Elle m'a montré la robe qu'elle portait, puis elle m'a montré comment elle était morte.

J'ai décrit à l'avocate les choses telles que je les voyais, dans l'espoir que cela lui évoquerait quelque chose, et j'ai tout de suite remarqué qu'elle me regardait bizarrement. Elle m'a demandé si je connaissais le nom de l'enfant, et je lui ai donné le nom qui m'est venu en tête.

« Vous n'écoutez pas les informations ? a-t-elle demandé. C'est la petite fille portée disparue. La police la cherche partout. »

Grâce aux renseignements que j'ai fournis, les policiers ont retrouvé son corps et ont fini par appréhender le meurtrier. J'ai été très choquée à l'époque, et j'ai d'abord hésité lorsque, quelques mois plus tard, la police m'a contactée, me demandant si cela m'intéresserait d'examiner avec eux quelques affaires non résolues. J'ai fini par accepter, parce que je crois de mon devoir de mettre mes dons au service des autres. Si je peux aider les parents d'une personne disparue à retrouver un peu de paix, dans ce cas, c'est faire bon usage de mes dons.

C'est par l'intermédiaire d'un juriste qui assistait à l'un de mes séminaires que j'ai été contactée par le FBI pour travailler sur certains dossiers relatifs à des personnes disparues. En général, ils me donnent simplement quelques renseignements – prénom, profession, couleur des vêtements portés par les personnes au moment de leur disparition. À une ou deux reprises, j'ai rencontré un membre de la famille du disparu, et cela peut être très éprouvant.

On m'a présentée un jour à un jeune homme dont la petite amie avait disparu depuis plus d'un an, et j'ai tout de suite eu une désagréable sensation de froid. Tout ce que je pouvais voir, c'étaient des morceaux épars d'un corps – un bras, un pied, l'arrière de la tête –, et je savais que l'homme assis là en face de moi avait tué la jeune fille. Je l'ai regardé dans les yeux, et je crois qu'il a senti que je savais, car il a quitté les lieux en toute hâte. J'ai dit à la police ce que j'avais vu ; le corps démembré a été retrouvé, et après une longue enquête, l'homme a été arrêté et déclaré coupable du meurtre de sa petite amie.

À l'heure actuelle, mes consultations avec la police se font surtout par téléphone. Ils m'appellent, me fournissent quelques détails et me demandent si je peux leur donner une piste. La réponse est quelquefois positive, quelquefois non. Je garde l'information présente à l'esprit, et je vois ce qui s'offre à moi.

Mes dons sont héréditaires, je les tiens surtout de la branche maternelle de ma famille, bien que ma grand-mère paternelle ait du sang rom. Les Roms sont des gens honnêtes et bons, dotés de grands pouvoirs spirituels, il se peut donc que mes dons viennent aussi en partie de cette branche-là de la famille.

Chacun d'entre nous a des aptitudes médiumniques, mais peu de gens les identifient ou choisissent d'en faire usage comme je le fais. Cependant, nous pouvons tous prendre de sages décisions dans notre vie : il suffit pour cela d'écouter les anges, et c'est ce que je recommande à chacun de faire, chaque jour, sans exception.

5

LES ENFANTS MÉDIUMS

La mémoire de chacune de nos vies antérieures est inscrite en nous, de même que chaque période intermédiaire entre deux existences ; tout ce qui est advenu à notre esprit est donc emmagasiné, comme gravé sur un disque dur d'ordinateur qui serait à jamais ineffaçable. Entre deux existences, on peut revoir le passé et se souvenir de ce que l'on a fait, et aussi prendre conscience des interactions entre différentes personnes avec lesquelles on a noué des liens relationnels au cours de ces diverses existences.

Les gens se réincarnent souvent au sein d'une même famille, pour peu qu'il subsiste des problèmes non encore résolus dans la vie précédente, mais les liens familiaux ne sont pas forcément identiques – d'une relation mère-fils, on peut passer a une relation de mari à femme, ou être l'un de leurs descendants. On peut être femme dans une existence et homme dans l'existence suivante, en fonction des leçons qui nous restent à apprendre. J'aide parfois des clients, en explorant pour eux une vie antérieure, si je sens que quelque chose les empêche d'avancer dans leur vie actuelle. Comprendre les questions sur lesquelles ils sont restés bloqués peut parfois être l'élément déclencheur dont ils ont besoin pour initier des changements.

Nous sommes en général tellement focalisés sur notre vie actuelle que nous oublions nos vies antérieures, même si nous avons de temps en temps une impression occasionnelle de *déjà-vu*, quand quelque chose vient ranimer un souvenir ancien. Et, pourtant, tous les événements significatifs sont toujours présents en nous, et c'est pour cette raison que je parviens à redonner à certaines personnes l'accès à ces souvenirs enfouis, grâce à l'hypnose.

Les bébés ont encore à leur naissance l'esprit imprégné des souvenirs de leurs vies antérieures, et cette mémoire s'efface progressivement au cours de leurs deux premières années, à mesure qu'ils font l'acquisition du langage et que le cerveau s'emploie à maîtriser les savoir-faire dont ils ont besoin pour s'épanouir dans le monde. Ils voient souvent des esprits dont les adultes autour d'eux ne perçoivent pas l'existence, et ils les traitent avec le plus grand naturel, ne trouvant rien d'insolite à la présence d'un de ces êtres bienveillants dans un coin de la chambre, au moment de glisser eux-mêmes dans le sommeil. En fait, cela peut être très réconfortant, comme ce fut le cas pour moi quand mes cinq esprits visiteurs se penchaient au-dessus du petit lit où je dormais étant enfant.

On m'a fait part de plusieurs histoires dans lesquelles des bébés faisaient des signes et des sourires à quelqu'un d'invisible aux yeux des adultes présents, et pareille situation laisse les parents perplexes. Je leur explique que, la plupart du temps, il s'agit d'un parent décédé qui revient afin de veiller sur le nouveau bébé. Ils viennent en général dans les moments de tranquillité – quand le bébé est au lit, ou calmement occupé à jouer par terre, ou paisiblement lové dans les bras de son père ou de sa mère.

J'ai connu des enfants qui gardent accès à ces souvenirs anciens plus longtemps que d'autres, et certains ne les perdent jamais. Ces enfants-là sont très spéciaux, et ils sont venus sur Terre dans un but précis, celui d'aider les adultes de leur entourage à trouver leur voie. Ils peuvent transmettre des messages de l'au-delà et même faire le récit de leurs vies antérieures. Les enfants qui gardent à l'esprit de fortes réminiscences de ce passé ancien deviennent des individus très sensitifs. Je me propose de partager avec vous dans ce chapitre certaines des belles anecdotes parvenues jusqu'à moi, concernant des enfants doués de pouvoirs médiumniques.

L'enfant et sa grand-mère

Il est triste de mourir trop jeune pour pouvoir connaître ses petits-enfants. Les absents ne pourront pas partager ces moments phares que sont les premiers pas, la première dent, les premiers mots, le premier jour d'école et toutes ces choses si drôles que disent les enfants au fur et à mesure qu'ils apprennent à s'exprimer comme nous. Mais j'explique toujours à ceux de mes clients dont les parents sont morts avant la naissance de leurs petits-enfants que l'esprit des parents décédés veillera de près sur les nouveaux membres de la famille. Ils ne manqueraient cela pour rien au monde ! De plus, les enfants eux aussi sauront les reconnaître. Voici l'histoire que m'a contée Marion, une de mes clientes.

Alex (mon petit garçon alors âgé de quatre ans) et moi étions en train de feuilleter un album de photos de famille, quand il a soudain pointé du doigt une photo de ma mère, morte peu avant sa naissance.

« C'est Nana, mon ange ! a-t-il dit. Je l'aime bien. »

Je n'ai jamais appelé ma mère Nana, je l'ai donc interrogé.

« Elle m'a dit que c'était son nom, a-t-il répondu.

— Et quand est-ce qu'elle a dit cela ?

— C'est quand elle vient me voir », a-t-il dit sur un ton d'impatience, comme s'il était surpris que je ne le sache plus.

J'ai senti un frisson parcourir tout mon corps quand je lui ai posé d'autres questions sur ces visites.

« Elle vient me voir quand je m'amuse avec mes jouets dans la chambre, ou quand je suis au lit le soir et que tu m'as dit bonne nuit. Elle ne parle pas beaucoup, mais elle aime bien me regarder jouer.

— Sais-tu où elle est en ce moment ? », ai-je demandé, au bord des larmes, tant l'émotion était forte.

Il a réfléchi un moment.

« Je sais pas trop, mais elle a dit qu'elle se plaisait bien ici. Je lui ai demandé si je pouvais lui rendre visite, elle a dit : "Oui, mais dans très longtemps".

— Pourquoi dis-tu que c'est un ange ? ai-je demandé. »

Jamais je ne lui avais expliqué ce mot.

« Mais parce que c'en est un ! a-t-il dit, comme si le premier imbécile venu était au courant de cela.

— Tu me préviendras à sa prochaine visite ?

— Peut-être, a-t-il dit d'un ton hésitant. Mais c'est moi qu'elle vient voir. Elle m'a dit que j'étais son petit chéri et qu'elle m'aimait beaucoup. »

Cela ressemblait à ce que ma mère aurait pu dire, c'est là que j'ai su que ça ne pouvait être qu'elle qui rendait visite à Alex. Et j'étais si heureuse, parce qu'elle est morte pendant ma grossesse et, à l'époque, l'idée qu'elle ne le connaîtrait jamais m'avait brisé le cœur – et voilà que, finalement, la rencontre s'est faite. Je lui ai dit qu'il avait beaucoup de chance d'avoir un ange Nana et qu'à sa prochaine visite il fallait lui faire des bises de ma part.

Dans les années qui ont suivi, Alex nous a parfois transmis des messages d'ordre très pratique de la part de maman. Par exemple, ma sœur avait très envie d'acheter une maison pour laquelle elle avait eu le coup de foudre, à deux pas de l'endroit où nous avions grandi, mais la vente n'eut pas lieu parce qu'elle s'était fait « griller » par d'autres acheteurs prêts à surenchérir.

Elle était amèrement déçue, mais Alex m'a alors dit que maman conseillait à ma sœur de ne pas renoncer, de retourner à l'agence et de faire une nouvelle tentative. Quand j'ai transmis le message à ma sœur, elle a décidé de téléphoner à l'agent immobilier « juste au cas où » et elle a été sidérée d'apprendre que les nouveaux acheteurs avaient dû renoncer parce qu'ils n'arrivaient pas à réunir les capitaux suffisants. Elle était de nouveau dans la course et, cette fois-ci, elle a renégocié le prix à un niveau abordable pour elle, et les vendeurs ont accepté.

Nous nous sentons très privilégiés d'avoir avec maman cette communication si particulière, et de bénéficier des conseils qu'elle peut nous donner – tout cela grâce à mon fils Alex.

La plupart des enfants cessent de voir les esprits à peu près au moment où ils apprennent à parler, ce qui ne signifie pas que les visites cessent. Je recommande de continuer à parler des défunts, de les inclure dans votre environnement comme un membre de la famille à part entière, de partager les souvenirs que vous avez d'eux et de continuer à exposer leurs photos. Ils ne sont pas partis, ils sont juste à un stade du voyage différent de celui où vous êtes actuellement.

Le stylo de son père

Jonathan et Adrian sont deux demi-frères, nés de mères différentes mais ayant partagé le même père jusqu'à la mort de celui-ci, il y a environ deux ans. Leurs mères habitent tout près l'une de l'autre, ils ont donc grandi avec un sentiment de proximité réelle, malgré les douze ans de différence entre eux. Peu de temps après le décès de leur père, Jonathan, âgé de quatre ans, a transmis à Adrian, qui en avait seize, un bien étrange message.

Jonathan m'a dit que papa voulait me laisser un objet lui ayant appartenu et que je le trouverais au fond du petit tiroir du haut de son bureau.

« Comment est-ce que tu sais ça ? lui ai-je demandé.

— Il est venu me le dire pendant la nuit », a répondu Jonathan.

Histoire de lui faire plaisir, je suis allé fouiller au fond du tiroir en question, et j'y ai trouvé le magnifique stylo à plume de mon père. Maman le lui avait offert pour ses quarante ans et je l'avais toujours supplié de me le prêter parce qu'avec ce stylo mon écriture était superbe ! Je me souvenais même l'avoir entendu dire : « Un jour, il sera à toi. »

J'étais ravi d'avoir ce stylo, mais intrigué par cette communication entre Jonathan et mon père. Plus tard, il m'a transmis à plusieurs reprises des messages de toute nature : les matières que j'étudiais à l'école, un garçon qui me faisait subir des brimades, et même un match de cricket que je devais jouer. Jonathan était trop petit pour pouvoir être au courant de ces choses-là, et pourtant, chaque fois, ses conseils étaient pertinents. Était-il possible qu'il soit vraiment en communication avec l'esprit de notre père ? J'ai peu à peu acquis la conviction que c'était le cas.

Un jour, je m'apprêtais à aller faire du cheval, un de mes passe-temps favoris.

« Papa dit qu'il ne faut pas y aller, ou tu auras un accident, a dit Jonathan d'un ton très sérieux.

— Mais je suis déjà prêt. J'y vais.

— Papa ne veut pas que tu y ailles aujourd'hui. »

J'ai annulé tous mes plans, et depuis, avant de partir faire une journée de randonnée équestre, je demande toujours à Jonathan si c'est sans danger. Je n'ai aucun moyen de savoir si j'aurais eu un accident en y allant les jours où il pressentait un danger. Mais j'ai préféré ne pas courir le risque.

Je crois qu'Adrien a fait preuve d'une grande sagesse. Apparemment, Jonathan a la chance d'entrer en communication directe avec son père, et j'espère qu'il continuera en grandissant. Les deux frères comprennent que leur père est là pour les aider, et c'est un grand réconfort pour des garçons qui sont en train de grandir.

Une petite fille douée

Un couple de mes amis sont les grands-parents d'une petite fille tout à fait extraordinaire qui s'appelle Ellie. La première fois que nous nous sommes vues, elle n'arrêtait pas de me fixer du regard et j'ai tout de suite compris qu'elle était elle-même médium et que les esprits étaient en train de lui parler de moi. Bien qu'elle n'ait que six ans, elle et moi évoquons de manière très directe et honnête ses dons médiumniques. Je crois qu'il est important qu'elle comprenne que tout le monde n'est pas comme elle, mais qu'elle doit apprendre à ne jamais avoir peur des esprits qui lui rendent visite, et aussi à savoir utiliser à des fins bénéfiques l'information qu'ils lui apportent.

Quand, à un âge encore très tendre, elle a commencé à parler du monde des esprits devant les membres de la famille, cela leur a fait un petit peu froid dans le dos…

Voici ce que m'a raconté sa mère.

Ellie était assise sur les genoux de sa tante Claire, et elles regardaient des photos que Claire avait prises lors d'un défilé du lord-maire à Londres. Une des photos montrait un carrosse tiré par des chevaux, participant à la parade et Ellie, qui n'avait alors que deux ans et demi, s'est écriée : « Cheval et carrosse. Je suis morte là. »

Elle n'avait pas du tout l'air troublée, mais c'étaient des paroles si étranges que Claire m'en a fait part. D'abord, comment connaissait-elle ces mots ? Avait-elle la moindre idée de ce qu'est la mort ?

Peu de temps après, j'étais devant mon ordinateur en train de regarder de vieilles photos de Londres quand une photo de la statue du duc de Wellington est apparue sur l'écran. Ellie s'est tout de suite agitée.

« C'est là que je suis morte, maman, a-t-elle dit. Tu ne te rappelles pas ? »

Je l'ai questionnée avec ménagement, dans des termes que j'estimais à sa portée, mais elle était clairement en train de dire qu'elle était morte dans une vie antérieure à l'âge de sept ans, écrasée par un carrosse tiré par un cheval.

« Tu étais aussi ma maman à cette époque, dit-elle, mais tu avais les cheveux bruns. »

Elle a même mentionné la rue de Londres où elle vivait alors. J'ai, bien entendu, vérifié, et il existe encore une rue portant ce nom, près de London Bridge.

Comment aurait-elle pu savoir cela à l'âge de deux ans et demi – sauf si c'était la vérité ?

« Et dans cette vie-là, comment t'appelais-tu ? lui ai-je demandé.

— Elinor, a-t-elle répondu avec assurance. Pas Ellie. »

Mon mari et moi avons effectué quelques recherches et découvert que la statue du duc de Wellington qui avait suscité la réaction d'Ellie avait été transférée en 1855 à Aldershot, où elle a récemment fait l'objet d'une restauration : un jour, nous avons donc emmené Ellie voir la statue. Elle est devenue très silencieuse et très pensive, puis elle a confirmé que c'était juste en face de la statue qu'elle avait été renversée et tuée. Ce fut un moment très étrange pour nous trois.

Mais ce n'est pas la seule vie antérieure dont Ellie se souvienne. À l'âge de quatre ans, elle est un jour venue me dire qu'elle avait eu dans le passé une maman qui l'avait laissée dehors, abandonnée sur le seuil d'une maison. Après quoi elle avait eu la chance d'être heureuse cette fois-ci, et elle nous avait choisis, mon mari et moi, comme papa et maman.

Les propos d'Ellie ne cessent de m'étonner. Elle parle comme elle respire, tout naturellement. Elle se contente de faire part de ses observations, sans autre motif que de m'expliquer, afin que je comprenne.

Un jour, à l'âge de six ans, elle est arrivée en trombe dans la cuisine, en proie à une excitation intense, pour me dire qu'elle venait de voir un ange dans l'entrée.

« De quoi avait-il l'air ? lui ai-je demandé.

— Il avait des chaussures marron avec des boutons jusqu'ici. » (Elle montrait le haut de la cheville.) « Au-dessus, on voyait la peau. » (Elle désignait sa jambe jusqu'au genou.) « Et il avait un pantalon court avec une chemise bleue qui n'était pas rentrée dans la ceinture. »

J'étais ébahie du détail de la description et je m'attendais à ce qu'elle soit trop excitée pour s'endormir ce soir-là, mais elle a dormi comme une souche. Cela ne la tracassait pas le moins du monde. Apparemment, elle accepte les visites d'esprits avec le plus grand calme.

Ellie a un ami invisible qu'elle appelle Sala, qu'elle voit de temps à autre. Parfois, ils se fâchent et, très peu de temps après, ils redeviennent les meilleurs amis du monde – le scénario n'est pas toujours facile à suivre. Elle insiste pour que Sala soit partie prenante dans tous les aspects de la vie familiale, et j'ai toujours conscience d'avoir l'air quelque peu bizarre quand je fais certaines choses – par exemple, quand je fais monter son ami imaginaire dans le caddie du supermarché, mais jusqu'ici personne ne m'a encore jamais rien dit.

Notre famille a vécu une horrible tragédie : Ryan, le grand frère d'Ellie, est mort à l'âge de dix-sept ans ; mais Ellie arrive encore à lui parler et elle me transmet des messages de sa part qui me sont d'un grand réconfort. Le fait de savoir qu'il est toujours avec nous m'apporte la paix de l'âme.

Mon mari ne croyait pas en l'existence d'une vie après la mort, il pensait donc au début que les déclarations d'Ellie n'étaient que l'expression d'un univers enfantin issu de son imaginaire. Mais elle a dit tellement de choses qui se sont révélées exactes qu'il a changé d'attitude aujourd'hui. À son âge, elle ne pouvait absolument pas être au courant de tout ce dont elle nous parle. Elle est incontestablement en contact avec des esprits.

Je suis, pour ma part, très impatiente de voir ce qui va arriver à Ellie en grandissant. Elle est déjà si pleine de sagesse pour une enfant de cet âge que j'ai le sentiment qu'elle va faire énormément de bien dans le monde, et j'ai l'intention de la guider de mon mieux tant que je serai dans les parages. C'est une petite fille tout à fait exceptionnelle.

Le petit ange aveugle

À la venue au monde de leur fils Ben, né aveugle, Roger et Sarah furent tout d'abord écrasés de chagrin en songeant à toutes les expériences dont il ne pourrait, pensaient-ils, jamais profiter, et à tous les problèmes qui allaient jalonner sa vie. Mais ils ne tardèrent pas à s'apercevoir qu'il avait reçu de nombreux dons en compensation de sa vue défaillante.

Ben a appris à parler très tôt, il s'exprimait d'une façon très claire et non comme un bébé et dès l'âge de deux ans, il avait déjà une voix chantée magnifique.

Je crois qu'il n'avait que trois ans lorsqu'il nous a dit un jour : « Il faut que vous sachiez que je suis venu vous aider. J'en sais beaucoup plus que vous et vous devez m'écouter. »

Nous avons beaucoup ri sur le coup d'entendre un si jeune enfant nous tenir ces propos, mais le ton sérieux a stoppé net mon hilarité. « C'est vrai », me disait une petite voix dans ma tête et la chair de poule a parcouru mes bras.

Alors qu'il venait juste d'avoir quatre ans, Ben s'est assis un jour au piano. Au début, il ne faisait que frapper sur les touches comme le ferait n'importe quel enfant de son âge, mais il s'est très vite mis à reprendre des airs et, au bout d'une semaine, il était capable de jouer à l'oreille n'importe quelle musique. S'il aimait un air entendu à la radio ou à la télévision, il s'asseyait au piano et le jouait, quelle qu'en soit la difficulté. C'est là que Roger et moi nous sommes rendu compte que notre enfant était doué, mais à ce stade-là nous n'imaginions pas l'ampleur de ses dons.

Ben était un enfant heureux, il n'y avait pas en lui une once d'agressivité. Si son frère et sa sœur se bagarraient, il s'interposait et faisait en sorte qu'ils s'arrêtent et réfléchissent à ce qu'ils étaient en train de faire, jusqu'à ce qu'ils cèdent et que le calme règne de nouveau. Tous ceux qui le croisaient disaient de lui que c'était un petit ange.

« Mais comment tu sais ça ? », dit-il à une de mes amies qui avait fait cette remarque – et qui resta bouche bée. « Comment tu as su que j'étais un ange ? »

Je crois que lui le savait depuis sa naissance, mais il m'a fallu un peu plus de temps pour en être convaincue.

Un jour, Ben, alors âgé de six ans, a fait une remarque qui m'a beaucoup choquée à l'époque. « Tu sais, maman, ma vie ne sera pas très longue, mais elle sera très heureuse.

— Qu'est-ce que tu veux dire ? Personne ne sait combien de temps il va vivre.

— Moi, si », a-t-il répondu, et, pour une raison inexpliquée, je l'ai cru, mais cette pensée m'attristait à tel point que je l'ai aussitôt chassée de mon esprit.

Ben s'est mis à nous prévenir de diverses choses et, sans même y réfléchir, je suivais toujours ses conseils. S'il disait « Ne prends pas le volant aujourd'hui, maman », je laissais le volant à Roger. Ben s'installait toujours entre son frère et sa sœur à l'arrière quand nous faisions une sortie en famille et, à plusieurs reprises, il nous a signalé qu'il y allait avoir un ralentissement, ou que l'on allait nous doubler, de sorte que l'on avait tendance à oublier qu'il était aveugle. Son sens de la conduite battait nettement le nôtre !

Un jour, alors que nous faisions route vers le nord, il a dit :

« Papa, fais attention, un tracteur vient vers nous.

— OK », a dit Roger, et il a ralenti.

Une minute après, en sortant d'un virage, nous nous sommes retrouvés nez à nez avec un tracteur chargé de balles de foin, qui prenait presque toute la largeur de la route. Roger a dû entrer dans la haie pour l'éviter. Ben n'avait pas pu l'entendre venir de si loin. Mais il savait tout simplement qu'il était là.

J'ai commencé à mettre Ben à l'épreuve sans le lui dire, pour en savoir plus sur ses dons, et à chaque test, il n'y avait pas d'autres moyens d'expliquer ce qu'il savait – sinon qu'il disait la vérité et qu'il était un ange.

Un soir à l'heure du coucher, il m'a dit d'une voix douce :

« Maman, inutile de continuer à me tester. Je sais. »

Une émotion soudaine m'a alors submergée.

« Tu m'as dit que ta vie serait courte, lui ai-je déclaré. Est-ce que tu sais combien de temps tu as devant toi ?

— Quand la fin sera proche, je te le dirai, a-t-il répondu. Ne t'inquiète pas, maman. Tout ira bien. »

Au moment où j'écris ces lignes, Ben est toujours en vie. J'ignore au juste de quelle leçon il était censé être porteur pour Roger et Sarah, mais ils sont devenus une famille d'un haut niveau de spiritualité. Ils sont toujours en train de rire et d'échanger des plaisanteries, mais ils savent qu'ils ont l'honneur de partager la compagnie d'un ange qui vit parmi eux.

Les enfants physiquement handicapés sont généralement des esprits évolués qui vivent leur dernière incarnation sur terre et qui donnent énormément à leur famille. Ce sont des anges vivant ici sur cette Terre, et qui apportent joie et sagesse à tout leur entourage.

Handicapé de naissance

Ma fille Tanya a dirigé dans le passé une organisation qui aidait des enfants handicapés à pratiquer des activités équestres, et elle a constaté que les enfants aimaient à côtoyer ces animaux à la fois grands et doux, et que même ceux d'entre eux qui étaient totalement déficients en termes d'aptitudes verbales étaient capables de communiquer avec eux. Je comprends cela, car je parviens à communiquer au niveau médiumnique avec des enfants gravement handicapés, exactement comme je le fais avec les animaux (je développerai ce thème dans le chapitre suivant).

J'ai constaté cet état de fait pour la première fois le jour où une cliente nommée Wendy est venue me consulter.

Max, son petit garçon, avait tellement souffert au cours de l'accouchement qu'il ne parlait pas, ne marchait pas, et n'était autonome en rien ; pourtant, dès que je l'ai vu, il s'est mis à me parler sur un mode médiumnique. Il m'a d'abord parlé de cadeaux que sa maman avait achetés en prévision de son anniversaire, la semaine suivante. J'ai transmis le message à Wendy, qui a été très étonnée.

« Mais comment l'avez-vous su ?

— C'est Max qui me l'a dit », lui ai-je expliqué.

Une fois remise de son étonnement à l'idée que je pouvais communiquer avec lui, elle eut des tas de questions à poser. J'ai donc servi d'intermédiaire. Entre autres révélations, Max m'a dit qu'il n'aimait pas l'une des infirmières qui s'occupait de lui parce qu'elle était méchante.

Wendy a décidé de surveiller de près cette infirmière et, une semaine après, pensant que personne ne la voyait, l'infirmière a pincé très fort la jambe de Max. Wendy est entrée en trombe dans la chambre et l'a mise à la porte sur-le-champ. J'ai le plaisir de dire qu'ils ont trouvé une nouvelle infirmière qui, d'après Max, est très gentille.

À l'âge de huit ans, Max m'a demandé d'avertir sa mère qu'il ne verrait pas son dixième anniversaire. Il voulait qu'elle soit prévenue pour que le choc ne soit pas trop grand.

« Chaque année qu'il passe parmi nous est une bénédiction », m'a-t-elle dit en apprenant la nouvelle.

Et Max avait raison, car il est mort d'une crise d'épilepsie quelques semaines avant ses dix ans. Wendy m'a dit que les indemnités versées par les services sociaux en fonction des dommages subis avaient été réduites en raison de la brièveté de sa vie. Dans quel monde étrange nous vivons, ne trouvez-vous pas ? Mais je sais qu'il a été très heureux pendant sa vie sur Terre et qu'il a aussi apporté énormément de joie à ses parents.

J'ai aussi longtemps communiqué avec un petit garçon, Noah, qui avait souffert d'une oxygénation insuffisante à la naissance. Il était aveugle et les médecins avaient dit aux parents qu'il n'arriverait jamais à s'asseoir ou à se déplacer. Son grand-père me le présenta pour voir si j'arrivais à entrer en contact avec lui, et il s'est tout de suite mis à bavarder mentalement avec moi.

Il m'a dit que les médecins avaient tout faux. Il m'a dit qu'il voyait, mais avait simplement du mal à s'y accommoder. Il m'a dit qu'il serait un jour capable de se lever et de marcher, mais qu'il aurait toujours besoin d'aide dans la vie quotidienne. Il m'a demandé de dire à sa famille qu'il était beaucoup plus fort qu'ils ne croyaient et qu'il fallait qu'on le laisse se débrouiller tout seul pour développer ses muscles. S'ils arrêtaient de toujours le prendre dans les bras et de le porter, il ferait des progrès plus rapides.

J'ai transmis tout cela, et ils étaient estomaqués. Noah est aujourd'hui âgé de cinq ans, et c'est un vrai petit phénomène, doté de bien plus d'aptitudes que les médecins ne le prédisaient. Quand on me l'amène, il me fait part de ses prédictions. Il a récemment dit à sa maman qu'elle allait avoir un autre bébé l'an prochain, et que celui-là sera en bonne santé. Chaque fois que je le vois, son état s'est nettement amélioré et je sais que tout au long de sa vie, il apportera beaucoup à sa famille.

Tous les enfants handicapés que j'ai rencontrés ont à la fois une mémoire très vive de leur parcours spirituel antérieur, et des capacités médiumniques. Ils ont à affronter d'importants défis d'ordre physique, bien sûr, mais ils sont nés au sein de leur famille pour des raisons positives et peuvent apporter énormément de joie.

Une maladie en principe mortelle

Célia et Henry ont été anéantis en apprenant que leur fils Jason, âgé de six ans, était atteint de leucémie. C'est le pire cauchemar imaginable pour des parents. Ils se sont alors lancés dans un véritable marathon de visites à l'hôpital, puis Jason a subi une chimiothérapie, une radiothérapie et finalement une greffe de moelle osseuse, avant que les médecins annoncent qu'ils avaient épuisé tous les recours possibles et que, malheureusement, ils ne pouvaient pas sauver Jason. Je laisse la parole à Célia.

Après que les médecins nous ont annoncé qu'il n'y avait plus rien à faire, je me suis effondrée. Ils ne pouvaient pas nous dire avec exactitude combien de temps il lui restait à vivre, mais leurs allusions laissaient entendre que c'était plus une question de semaines que de mois. J'ai craqué dans le parking devant l'hôpital et j'ai sangloté jusqu'à l'épuisement. Il fallait pourtant que je me reprenne et que je garde la face devant Jason et nos deux autres fils, Alastair et Geoffrey. Tous deux savaient que Jason était malade, mais nous n'avions pas mentionné l'éventualité de sa mort.

Un soir, juste après le diagnostic définitif, Geoffrey, qui n'a que quatre ans, est entré dans ma chambre et m'a réveillée.

« Maman, m'a-t-il dit, mamie est venue me voir et elle m'a dit qu'elle avait sauvé Jason. Il ne s'en va plus chez les anges. C'est eux qui vont venir vers lui. »

J'avais les larmes aux yeux. Sa grand-mère – ma mère – était morte cinq ans auparavant.

« C'est une bonne nouvelle, mon chéri, lui ai-je dit. Merci de me l'avoir annoncée. »

Mais il a continué.

« Et elle a dit que les médicaments de Jason avaient fait l'effet maximum, mais qu'ils ne sont plus d'aucune aide, et que tu devrais donc les arrêter à présent. »

C'était une phrase tellement adulte pour un enfant de quatre ans que je me suis tout de suite levée, et je l'ai regardé dans les yeux :

« Tu es bien sûr que mamie t'a vraiment dit tout ça ?

— Oui », a-t-il dit avant de grimper dans mon lit pour s'y réfugier.

Je suis restée éveillée, réfléchissant aux propos de Geoffrey. Jason continuait à prendre des médicaments aux effets secondaires terribles, qui lui faisaient enfler le visage et les articulations, et affaiblissaient ses muscles. S'il pouvait les arrêter, cela rendrait au moins ses dernières semaines de vie plus confortables. J'ai décidé d'en parler aux médecins dès le lendemain matin.

La décision était difficile à prendre, mais les médecins ont admis que la qualité de vie de Jason au cours de ses dernières semaines serait meilleure si l'on interrompait progressivement le traitement, et c'est ce qu'ils ont fait.

Au bout d'une semaine, l'enflure avait diminué, et il semblait jouir d'un regain d'énergie, se levant pour jouer avec ses frères, sans fatigue apparente. Je débordais de joie à le voir rire et courir en tous sens, comme il ne l'avait plus fait depuis des mois, mais subitement je me rappelais qu'il n'était qu'en sursis, et je retombais dans le marasme.

À un moment, je l'ai prévenu de ne pas trop se fatiguer.

« Mais, maman, a dit Jason, ça va bien. Un ange est venu me dire que je pouvais me remettre à jouer et que je ne devais pas avoir peur. »

C'est alors qu'une petite graine d'espoir s'est plantée dans mon cœur, mais ce n'est qu'après être retournés à l'hôpital pour une visite de contrôle, juste un mois après l'interruption du traitement, que je me suis aperçue que j'assistais à un miracle. Je savais que Jason semblait aller beaucoup mieux, il avait le teint frais, il avait retrouvé l'appétit et toute son énergie, mais quand les médecins abasourdis m'ont dit que les tests sanguins étaient parfaitement normaux, sans la moindre trace de cette fameuse maladie, j'ai failli m'évanouir de joie. J'ai alors su que ma famille avait réellement bénéficié de l'intercession des anges. Jason retourne à l'hôpital pour des contrôles épisodiques, mais il n'y a jamais eu de récidive de la leucémie, et il est à présent un petit garçon normal et en bonne santé.

Le fait que les anges aient choisi de s'adresser à Geoffrey, le petit frère de Jason, me plaît beaucoup. À quatre ans, il ne pouvait avoir aucun doute, contrairement à une personne plus âgée. Sa grand-mère lui parlait, donc il la croyait sans se poser de questions. Le cerveau de Célia et Henry était trop imprégné de tristesse et d'angoisse pour leur permettre d'être attentifs à des messages angéliques, mais un enfant, lui, était à même de les écouter sans idées préconçues.

Le nouveau mari de maman

Il est assez fréquent que les anges passent par l'intermédiaire d'enfants pour transmettre leurs messages. Une femme que je connais bien avait perdu son mari, atteint d'un cancer, alors qu'elle n'avait que quarante ans. Elle luttait durement pour continuer à vivre sa vie de mère désormais seule pour élever leur petite fille de sept ans, Anaïs, et pour affronter tout simplement la succession des jours. C'était une femme séduisante et pleine de bonté, et plusieurs hommes seraient volontiers sortis avec elle, mais elle n'arrivait pas à franchir le pas, car son mari lui manquait trop.

Dix-huit mois après la disparition de mon mari, Anaïs est venue un beau jour me transmettre un message.

« Papa m'a parlé la nuit dernière, et il m'a dit que tu devrais te remarier. »

Sur le coup, j'ai été bouleversée. Pendant toute la période où j'étais restée à son chevet, il n'avait cessé de me répéter que je devais aller de l'avant et trouver quelqu'un d'autre, après. Certes, j'avais réussi à surmonter la tristesse liée à son décès, mais de mon point de vue, il était bien trop tôt pour aller plus loin.

« Tu l'as vu ? Comment était-il ?

— Il a l'air d'aller très bien. C'est comme s'il brillait un petit peu. Il est venu s'asseoir par terre près de mon lit et on a bavardé. Il m'a même dit avec qui tu devrais te marier – son ami Ted. »

Je ne me sentais vraiment pas prête, mais j'ai réfléchi à la suggestion. Ted était un type bien – que je n'avais pas revu depuis les obsèques.

J'ai décidé de l'appeler et de lui rapporter les propos d'Anaïs.

J'ai commencé par lui dire : « Je sais que ça peut sembler très bizarre... », et je lui ai raconté toute l'histoire.

« Si c'est ce qu'il veut pour nous, je crois que nous devrions nous rencontrer et prendre un verre ensemble. »

Nous avons commencé à nous voir amicalement, puis, à mesure que les mois passaient, nous sommes devenus de plus en plus intimes. Il m'a encore fallu un an avant d'avoir suffisamment surmonté mon chagrin pour permettre à notre relation de franchir les limites de l'amitié, mais finalement tout s'est passé exactement comme mon premier mari l'avait suggéré : Ted et moi nous sommes mariés. Nous ne manquons jamais de célébrer les deux anniversaires de mon premier mari – celui de sa naissance et celui du jour où il s'en est allé – en ouvrant une bouteille de bon vin et en levant nos verres en son honneur. Je n'arrive pas à croire à la chance que j'ai eue d'avoir dans ma vie deux hommes aussi exceptionnels, qui sont chacun merveilleux à mes yeux.

Si l'esprit de son mari était venu lui présenter d'emblée sa suggestion, je suis sûre qu'elle ne l'aurait pas écouté. Elle aurait pensé que son cerveau lui jouait des tours, ou elle aurait écarté l'idée comme étant une forme de déloyauté par rapport à la mémoire de son mari. Mais Anaïs, elle, était suffisamment ouverte pour écouter et accepter, et parce que le message était passé par l'intermédiaire de leur fille, mon amie y a prêté attention et a laissé l'idée germer dans son esprit.

Le sauvetage d'une grand-mère

Une femme nommée Joan élevait seule sa petite fille Chloé âgée de six ans, son mari Ron étant mort très jeune. Elle était très occupée, menant de front sa vie professionnelle et familiale, tout en veillant de près sur la mère de Ron, qui habitait à quelques pâtés de maisons de distance. Elle fut confrontée un jour à des événements dramatiques.

Chloé était assise dans la cuisine en train de dessiner, tandis que je préparais le dîner. Elle prononça soudain ces paroles – qui paraissaient tomber du ciel :

« Papa veut que tu ailles voir mamie.

— Mais qu'est-ce que tu veux dire ? lui ai-je demandé, intriguée.

— Il m'a juste dit dans ma tête qu'il faut que tu ailles la voir tout de suite. »

J'avais vu sa maman deux jours plus tôt et elle allait bien, mais il y avait tant d'assurance dans le ton de Chloé que j'ai pris le téléphone et composé son numéro. Le téléphone avait beau sonner, personne ne répondait. Je savais que c'était bizarre, parce qu'à cette heure-là elle ne sortait jamais. Elle aurait normalement dû être en train de regarder la télévision, son plateau-repas sur les genoux.

Tout en pensant que c'était une fausse alerte, j'ai tout de même installé Chloé dans la voiture et nous sommes parties, histoire d'être rassurées. À notre arrivée, grand-mère n'a pas répondu quand nous avons sonné à la porte, j'ai donc ouvert à l'aide de mon double de clés, et je l'ai appelée. Pas de réponse. En faisant le tour de la maison, j'ai remarqué que la porte de la cuisine donnant sur le jardin était restée ouverte. À l'entrée du jardin, la maman de Ron était allongée par terre de tout son long, inconsciente.

J'ai saisi le téléphone et appelé une ambulance, puis je me suis accroupie à côté d'elle. Il me semblait l'entendre respirer faiblement, je suis donc allée chercher une couverture pour la tenir au chaud et lui ai parlé doucement en attendant l'arrivée de l'ambulance.

Elle avait fait une crise cardiaque, dont elle s'est bien remise une fois hospitalisée. Les médecins m'ont dit que, si elle était restée allongée par terre dans le froid, elle n'aurait pas résisté beaucoup plus longtemps. C'est grâce à Chloé – et à mon mari – qu'elle a survécu.

En bavardant ensemble par la suite, elle nous a révélé que, pendant tout le temps où elle était restée allongée sur le sol, elle avait entendu la voix de Ron, qui la rassurait : « Ne t'inquiète pas. Tout va bien se passer. Chloé va te sortir de là. » Et c'est ce qu'elle a fait.

Chloé était très fière du rôle qu'elle a joué dans ce sauvetage et je sais que les liens existant entre elle et sa grand-mère ont été renforcés par les événements de cette soirée, où elles ont toutes deux capté les messages de Ron. À présent, Chloé discute souvent avec sa grand-mère qui, j'en suis sûre, continuera à lui prodiguer de bons conseils à mesure qu'elle grandira – et ce aussi bien avant qu'après sa mort.

Des amis invisibles

Mes filles ont toutes les deux des dons médiumniques. Je m'en suis d'abord rendu compte pour Nicky, l'aînée, parce qu'étant petite elle n'arrêtait pas de regarder autour d'elle, comme si elle voyait des choses. En regardant dans la même direction qu'elle, je voyais quelquefois ce qu'elle voyait – mais pas toujours. Et puis, lorsque j'ai eu mon embolie pulmonaire et qu'elle a annoncé au petit déjeuner qu'elle savait que j'allais m'en sortir, ma mère le lui ayant dit pendant la nuit, je l'ai toujours, à partir de là, encouragée à garder contact avec les anges, et bien qu'elle n'ait pas fait métier de cette collaboration avec les esprits, elle m'aide dans certains de mes séminaires. Je la connais si bien qu'un seul regard me permet de savoir quand elle est « ailleurs », en communication avec les esprits.

Ma plus jeune fille Tanya avait, lorsqu'elle était petite, un ami invisible. C'est généralement le signe que l'enfant en question avait à l'origine un jumeau, mort à un stade précoce dans le sein maternel, mais restant dans les parages pour veiller sur leur frère ou sœur. L'amie de Tanya s'appelait Emma, et je la traitais comme un membre de la famille, mettant son couvert à la table du dîner et demandant de ses nouvelles. Emma avait un petit chien nommé Toby, et Tanya n'arrêtait pas de me dire : « Ne ferme pas la porte ! Toby n'est pas encore rentré ! », et je devais laisser la porte ouverte dix secondes de plus.

Cette présence d'un ami invisible inquiète certains parents, qui m'ont dit craindre que ce soit le signe d'un problème de santé mentale, ou d'une situation de solitude ou de l'isolement de leur enfant. Je ne le crois pas du tout. Je crois au contraire que c'est le signe que l'enfant est doué de capacités créatrices et spirituelles, et je sais qu'Emma a beaucoup aidé Tanya à grandir.

Dans sa première école, Tanya se faisait malmener par un groupe de petites pestes qui, par exemple, attachaient ses longs cheveux au dossier de sa chaise, ou qui lui prenaient son sac de classe pour le cacher. Elle était très malheureuse à l'époque, mais au moins elle avait Emma à ses côtés. Un jour où elle se trouvait seule dans la classe, Emma lui a dit d'un ton ferme :

« Il est temps que tu t'en ailles. »

Tanya n'a même pas pris le temps de renouer ses lacets. Elle a simplement pris son manteau et son sac et s'est dirigée vers la porte de sortie. Les petites pestes s'apprêtaient à entrer dans la classe, mais Tanya a dit d'une voix ferme : « Je m'en vais ! », et elle est sortie en les bousculant. Tanya croit que l'aide d'Emma lui a permis d'échapper aux brimades ce jour-là.

J'ai parlé du problème à l'équipe éducative, mais n'étant pas satisfaite de leur manière de le régler, j'ai finalement décidé de retirer Tanya de l'école et de lui en trouver une autre. À l'issue de sa première journée dans sa nouvelle école, Tanya est rentrée à la maison calme et heureuse, et m'a dit :

« Quand je me suis retrouvée dans la grande salle pour la réunion générale ce matin, avec mon uniforme neuf, Emma était là, à côté de moi, et elle portait le même uniforme et je savais que tout allait bien se passer. Je vais me plaire ici. »

Emma s'est peu à peu effacée de la vie de Tanya vers la fin de son adolescence, mais elle revenait en cas de problème. Tanya partageait tout avec Emma, et je crois que cela a contribué à faire d'elle la personne sûre d'elle et heureuse qu'elle est aujourd'hui.

Je n'ai jamais, ne serait-ce qu'une seule seconde, remis en cause l'amitié existant entre Tanya et Emma, et en fait je crois avoir un jour vu cette dernière.

Nous habitions dans une grande maison victorienne et j'étais alors enceinte de Tanya ; un jour où je m'étais allongée sur le lit pour me reposer, une petite fille aux cheveux blonds et bouclés est entrée, et m'a regardée. Elle portait des vêtements de l'époque victorienne – une robe bleue lui descendant jusqu'aux chevilles, sur laquelle était noué un tablier blanc, et des bottines noires aux pieds. Elle s'est approchée du lit, m'a souri, puis elle a disparu. Je l'ai décrite à Tanya par la suite, et nous pensons qu'il s'agit sans doute de la même personne, à un détail près, cependant : chaque fois que Tanya a vu Emma, cette dernière portait toujours des vêtements identiques aux siens – qu'il s'agisse d'un uniforme scolaire, d'une tenue d'équitation, ou de quoi que ce soit d'autre.

Des enfants qui ne sont jamais nés

L'esprit investit le corps de l'enfant dès sa conception, donc même en cas de fausse couche précoce, à sept ou huit semaines de grossesse, il fait tout de même partie de votre famille. Il vous a choisie comme mère et restera présent pour veiller sur vous. J'ai souvent constaté que ces enfants, pour attirer votre attention, déplacent les objets dans la maison – des bijoux, des journaux, des clés de voiture, ou des objets décoratifs... Ils ne vont pas disparaître complètement mais il vous faudra un certain temps pour les retrouver.

J'ai moi-même perdu un bébé, un petit garçon, quand j'avais une vingtaine d'années, et il se manifeste parfois, encore aujourd'hui. J'ai un miroir grossissant dans le tiroir de ma table de nuit et personne n'aurait aucune raison valable de l'en retirer, mais un jour, alors que je le cherchais, il avait disparu. J'ai demandé à tout le monde dans la maison si quelqu'un avait vu mon miroir, mais personne ne l'avait vu. Finalement, après l'avoir cherché partout, j'ai dit à haute voix : « Qui que vous soyez, pourriez-vous remettre mon miroir où il était ? » Et, dès le lendemain, il était de nouveau dans le tiroir.

J'espère que ce témoignage vous réconfortera si vous-même avez perdu un enfant. Ces enfants sont toujours présents, ils vous aiment et ils sont heureux.

Je connais une petite fille prénommée Leanne, qui a une amie invisible – Peggy. Peggy est beaucoup plus âgée qu'elle, comme une grande sœur qui dispense des conseils. Quand j'ai fait la connaissance de la famille, j'ai immédiatement vu que la mère de Leanne avait eu une interruption de grossesse entre vingt et vingt-cinq ans et que Peggy était l'esprit du bébé qui n'était jamais né. Elle avait choisi cette famille pour passer cette vie en leur compagnie et elle continue sous forme d'ange gardien veillant sur eux tous. À l'heure des repas, Leanne insiste pour que le couvert soit mis aussi pour Peggy, et ils doivent même lui faire une place dans la voiture quand ils partent en vacances. Comme dans le cas de Tanya et Emma, Peggy a su rassurer Leanne le jour de sa rentrée à l'école, et elle l'aide à faire face à tous les problèmes qu'elle rencontre.

Les garçons aussi

Les amis invisibles ne sont pas l'apanage des filles. Un banquier de ma connaissance, aujourd'hui âgé d'une cinquantaine d'années, m'a parlé de son ami d'enfance.

J'étais fils unique, mais je ne me sentais jamais seul parce que j'avais Roger, mon ami invisible. Il me suivait partout, et je lui disais toujours « Bonne nuit » avant de m'endormir. Il y avait une longue haie de troènes au fond de mon jardin et nous avions l'habitude de faire la navette entre cette haie et la maison, de jouer à cache-cache, ou de nous courir après. Les adultes me disaient : « Dis donc, qu'est-ce que tu t'amuses bien tout seul ! », et c'est là que j'ai réalisé qu'ils ne voyaient pas Roger. Je ne le vois plus à présent, mais je pense souvent à lui et je sais qu'il est toujours là, quelque part, et qu'il m'aide encore. Si j'ai un problème, je lui demande conseil et, si tout se passe bien, je le remercie de son aide.

Si l'un de vos enfants a un ami invisible, je vous conseillerais de ne pas le bombarder de questions. Qu'il sache simplement qu'il peut vous parler de son ami, et laissez-lui une place à table si votre enfant le demande, mais n'en faites pas toute une histoire. Quoi qu'il arrive, il ne faut pas qu'il pense que la présence de cet ami est quelque chose d'anormal. Faites en sorte que votre enfant soit pleinement intégré dans le monde et ne se sente pas exclu.

On constate invariablement que les enfants ayant un ami invisible ont aussi des dons médiumniques. Il en va de ces talents comme des autres – il faut les cultiver mais ne jamais les ridiculiser. Ces enfants ont des tas de choses à offrir dans cette vie, et c'est un privilège de les avoir auprès de nous.

Les enfants me fascinent. Ils sont tous médiums à un certain degré, car ils sont encore proches de la mémoire originelle de ce temps intermédiaire entre deux existences, et ont l'esprit moins encombré par tous les menus détails de la vie moderne. Il en va de même pour les animaux, dont je me propose d'examiner le cas dans le prochain chapitre.

6

DES MÉDIUMS DANS LE MONDE ANIMAL

Nous avons tous remarqué la rapidité de réaction des animaux face à des inconnus. Les chiens vont tout de suite vers eux en remuant la queue, ou ils se mettent à grogner en montrant les dents. Et les chats ne sont pas en reste pour exprimer leurs sentiments, comme le savent tous ceux qui ont des chats. Les chevaux peuvent refuser de se laisser monter par certains cavaliers, alors qu'ils feront bon accueil à certains autres. Même les animaux sauvages, qui ne sont pas habitués aux humains, font d'instinct confiance à certains et pas à d'autres. On parle fréquemment du « sixième sens » des animaux, mais à mon avis ce « sixième sens » vient des anges, qui leur murmurent constamment à l'oreille.

J'ai un chat aveugle qui s'appelle Harry et qui est très sociable, mais de temps en temps il fait demi-tour et s'en va lorsqu'un nouveau venu entre dans la maison. Et quoi que vous fassiez pour gagner ses faveurs, s'il ne vous aime pas, il ne vous aime pas. Lors de mes séminaires, il lui arrive de venir dans la salle de réunion, et il passe en revue la dizaine de participants. S'il sent quelqu'un qu'il n'aime pas, il lui tourne littéralement le dos et la personne en question aura beau faire – y compris lui offrir de la nourriture – rien ne le fera revenir.

Je crois que les animaux ont cette capacité accrue de connexion au monde des esprits pour la même raison que les enfants : leur cerveau n'est pas encombré par toute l'information qui envahit notre tête au fur et à mesure que l'on grandit. Ils n'ont pas eu des cours de sciences à l'école pour leur donner une vision rigide d'un monde dans lequel tout doit s'expliquer selon les lois de la physique. Ils ne lisent pas les journaux, ne regardent pas des programmes de télévision qui tournent en dérision ceux qui croient aux esprits, ils peuvent donc exprimer leur ressenti d'une manière décomplexée.

Il existe entre l'animal de compagnie et son maître un lien très particulier. Si, au milieu d'une portée, vous choisissez un petit chat ou un chiot, je suis sûre que vous avez suivi vos « instincts » (en d'autres termes, les suggestions des anges), et l'animal en question se sera probablement précipité vers vous parce que lui aussi suit les conseils des anges. Le choix est parfois erroné, et la relation ne fonctionne pas. Je connais quelqu'un qui a été très bouleversé de voir l'un de ses chats quitter la maison pour élire domicile chez un couple d'homosexuels en haut de la rue, mais je crois que c'était certainement la meilleure solution pour les deux !

En général, le lien qui se tisse est un lien d'amour très profond, comme entre deux humains, et il persiste après la mort.

Le journal livré à domicile

Les chats et les chiens font partie de la famille au sein de laquelle ils vivent. Les enfants jouent avec eux, les professionnels, surmenés, débordés de travail les caressent pour calmer leur stress, les personnes âgées les câlinent sur leurs genoux, et tous dans la maison connaissent leurs plats et leurs jouets préférés, et leurs coins de sieste favoris. La mort d'un animal familier qui a partagé votre vie pendant dix ou vingt ans est un énorme traumatisme, surtout pour les personnes qui vivent seules et qui comptaient sur l'animal pour leur tenir compagnie et les réconforter. Ceux qui n'ont pas d'animaux familiers ont tendance à faire peu de cas de la souffrance profonde que provoque le décès d'un animal que l'on a beaucoup aimé, pourtant ne vous y trompez pas : il s'agit d'un deuil authentique, avec tout le stress et tout le chagrin qui s'ensuivent.

Tout comme les êtres humains, les animaux traversent une pluralité d'existences, et autant de périodes intermédiaires entre deux vies successives. Lorsqu'ils meurent, ils sont en mesure de regarder en arrière et de constater la douleur qu'éprouvent leurs anciens maîtres, et nombre d'entre eux reviennent, afin de les réconforter autant qu'ils le peuvent. Voici quelques histoires dont j'ai eu connaissance concernant ce phénomène. Commençons par celle d'un vieux monsieur du nom de Dick.

Ma chienne Hannah était la créature la plus intelligente, la plus loyale qui puisse exister sur la planète. C'était un bâtard de labrador au magnifique pelage fauve et aux yeux pleins de compassion qui donnaient l'impression de lire dans son âme à livre ouvert. Pendant les dix années qui suivirent le décès de ma femme, je n'eus pour seule compagnie que celle de ma chienne Hannah, et à sa mort, elle laissa dans ma vie un vide que rien, à ce que je croyais, ne pourrait jamais combler. J'ai plus de quatre-vingts ans, et cela ne me semblait pas honnête de prendre un autre chien, car quel sort allait être le sien, à ma mort ? Et, de toute façon, aucun autre chien n'aurait jamais pu rivaliser avec Hannah.

Elle était très douée et faisait quantité de choses pour moi à la maison et en dehors de la maison. Tous les matins, elle allait chercher le journal à la boutique du coin et le laissait sur la terrasse près de la chaise longue, où j'aimais m'asseoir pour lire et observer le monde en mouvement. Elle savait aussi aller me chercher un gilet si j'avais froid, ramasser des objets que j'avais laissé tomber par terre et me les tendre, et quand elle avait faim, elle apportait son écuelle, pour que je comprenne !

Après sa mort, j'ai dû recommencer à me débrouiller tout seul, au prix de gros efforts. Ne marchant plus très bien, si je voulais un journal, il fallait que je me prépare et que j'aille le chercher en claudiquant jusque chez le marchand de journaux, parce que le nôtre ne livre pas à domicile. Mais un matin où mes articulations étaient particulièrement raides et douloureuses, en sortant de la maison j'ai trouvé mon journal à l'endroit habituel, près de la chaise longue sur la terrasse. Comment était-ce possible ? L'idée m'est alors venue que Hannah était d'une manière ou d'une autre impliquée, sans que je puisse expliquer comment.

Depuis, les jours où je suis trop « coincé » pour aller chercher le journal, je le trouve souvent posé sur la terrasse, à l'endroit qui était convenu entre nous. Je suis convaincu que Hannah veille sur moi et je m'adresse souvent à elle mentalement pour la remercier.

Les anges sont faits de pure énergie et ils ont toutes sortes de pouvoirs qui dépassent notre compréhension. Ils peuvent déplacer une voiture pour lui éviter un accident, et soulever des êtres humains pour les soustraire au danger, la livraison d'un journal est donc tout à fait dans le champ de leurs compétences, comme je l'ai expliqué à Dick lorsqu'il m'a raconté son histoire.

Coups de griffe au chevet du lit

Mon propre chat, Léo, est mort il y a un an, et il essaie toujours d'attirer mon attention depuis l'au-delà. C'était un chat magnifique, doté d'une forte personnalité et il me faisait rire par la façon quasi humaine qu'il avait de me faire savoir ce qu'il voulait, que ce soit de la nourriture, des caresses, ou qu'on lui ouvre la porte. Il avait différents miaulements en fonction de chaque circonstance, et il venait me pousser de la tête si je ne faisais pas exactement ce qu'il voulait quand il voulait.

Si je dormais encore le matin quand Léo voulait que je me lève pour lui préparer son petit déjeuner, il entrait dans la chambre et commençait à faire ses griffes sur la nappe qui recouvrait ma table de nuit. Cela avait fréquemment pour résultat de faire tomber par terre mon réveil, mon livre et les petits bibelots disposés sur la table, mais j'avais beau le houspiller, il utilisait ce procédé pour attirer mon attention.

Imaginez mon immense surprise lorsqu'un matin, environ six mois après sa mort, je fus réveillée par un fracas, provoqué par la chute de tous les objets qui se trouvaient sur ma table de nuit et qui étaient tombés sur le sol. La nappe était de travers, comme quand Léo faisait ses griffes dessus. J'ai tout de suite su que c'était lui, revenu me dire qu'il allait bien. Il n'y avait pas d'autre explication possible.

Le même scénario s'est reproduit à plusieurs occasions depuis, et je souris chaque fois à ce rappel de tous les bons souvenirs que j'ai de mon vieil ami tyrannique.

La chienne était assise sur ses genoux

Édith était très âgée et en mauvaise santé quand Trixie, son fidèle scotch-terrier, se fit écraser par une voiture ; elle plongea alors dans une grave dépression. Sa famille s'inquiétait car elle ne mangeait pratiquement plus rien et elle semblait n'avoir plus le moindre intérêt dans la vie. Et voilà qu'un jour, elle eut une visite…

Trixie me manquait tellement que, pour être honnête, je ne voyais plus aucune raison de continuer après sa mort. J'avais toutes les peines du monde à me lever et à m'habiller, mais je me sentais toujours fatiguée et au bord des larmes. Un jour, environ trois mois après sa mort, j'étais allée m'asseoir dans mon fauteuil pour faire ma sieste, comme chaque après-midi. En temps normal, elle aurait sauté sur mes genoux et somnolé avec moi – sa compagnie me manquait tellement !

Ce jour-là, à peine installée dans mon fauteuil, j'ai senti sur mes genoux le poids familier de Trixie, comme si elle était là. Je ne la voyais pas, mais je sentais la chaleur de son corps à travers ma jupe et je percevais le mouvement de sa respiration. Cela m'a vraiment réconfortée, et je me suis endormie. Quand je me suis réveillée une heure plus tard, la sensation de poids n'était plus là, mais deux poils argentés de Trixie étaient visibles sur ma jupe. J'ai eu une impression merveilleuse, car je savais avec certitude que je n'étais plus seule.

À présent, Trixie me rejoint tous les après-midi quand je fais la sieste, et je sais qu'un jour prochain, quand l'heure de mourir sonnera pour moi, elle sera là à m'attendre de l'autre côté.

Quand Édith est venue me consulter, à son entrée, j'ai vu Trixie marcher à ses côtés.

« Quel magnifique scotch-terrier », ai-je dit et, à cette remarque, les yeux d'Édith se sont remplis de larmes.

« Elle est là, avec moi ? », a-t-elle demandé, et j'ai confirmé que Trixie était tout le temps là, auprès d'elle.

Je vois souvent les animaux familiers accompagner leurs maîtres quand ils viennent en consultation. Un client régulier a toujours un berger allemand qui garde la tête posée sur ses genoux.

Le lien qui unit l'animal et son maître est si fort qu'ils se réincarnent généralement ensemble. L'animal peut être d'une espèce différente, mais pas forcément. Tous les animaux font partie de la chaîne des êtres vivants, ils ont une âme, tout comme nous ; ils vivent un grand nombre d'existences, et évoluent au fur et à mesure qu'ils les traversent.

Sommeil et pantoufles

La mort de nos animaux familiers nous attriste, il en va de même pour eux vis-à-vis de leurs maîtres, et ils attendent le retour de notre esprit pour nous consoler.

Après le décès de ma femme, son petit chien Jack a pris l'habitude de dormir avec ses pantoufles dans sa panière. Au début, je les lui enlevais, mais il avait l'air tellement en détresse quand elles n'étaient pas là que j'ai décidé de les lui laisser. Il ne les a pas réduites en charpie comme il le faisait avec ses autres jouets ; au contraire, il en a pris grand soin. Quand je m'asseyais dans le salon, il venait poser les pantoufles au pied du fauteuil où s'asseyait ma femme et il levait les yeux dans sa direction, comme si elle était là.

Un mois après la mort de ma femme, ma fille est venue m'aider à trier ses affaires de toilette et elle s'est aperçue que son sac de maquillage n'était plus là. Nous n'avions pas la moindre idée de l'endroit où il pouvait être, jusqu'à ce que nous inspections la panière de Jack, au fond de laquelle nous avons retrouvé, dans le fouillis des couvertures, le sac de maquillage et la brosse à cheveux de ma femme ! J'ai récupéré le sac, mais j'ai décidé de lui laisser la brosse. Plus tard, tandis que nous étions en train de dîner, nous avons entendu un bruit bizarre. Nous sommes allés tout droit vers la panière de Jack, et l'avons trouvé en train de se rouler en tous sens sur la brosse, comme pour imiter les gestes que faisait ma femme pour lui lisser le poil.

Par la suite, après avoir apporté ses pantoufles dans le salon, il s'est mis à faire de même avec sa brosse à cheveux, qu'il déposait avec précaution sur le siège du fauteuil. À force de le regarder faire, j'ai compris au fil du temps que Jack voyait l'esprit de ma femme dans ce fauteuil, et qu'il lui apportait les affaires dont il pensait qu'elle aurait besoin. Il s'efforçait de veiller sur elle dans la mort comme il l'avait fait au cours de sa vie.

Jack voyait l'esprit de sa maîtresse, alors que son mari n'avait pas cette faculté. Il flairait sans doute aussi son odeur et entendait sa voix quand elle revenait réconforter sa famille après sa mort, et il était bien décidé à ce que toutes ses affaires soient prêtes – il l'attendait de pied ferme.

Au cimetière

Vous connaissez sans doute l'histoire de ce skye-terrier nommé Bobby, qui pendant quatorze ans a monté la garde près de la tombe de son maître dans le cimetière d'Édimbourg, dont il ne s'éloignait que brièvement pour se nourrir. S'il est resté là tout ce temps, il y a bien une raison ! L'esprit de son maître est, n'en doutons pas, constamment resté là auprès de lui et ils se sont mutuellement tenu compagnie au fil des longues nuits d'hiver. J'ai entendu parler d'un autre chien qui a monté la garde auprès d'une tombe, c'était une chienne d'arrêt nommée Lucy.

Pendant toute la maladie de mon mari, Simon, qui souffrait d'un cancer, Lucy ne quittait son chevet que pour faire ses besoins. Sinon, elle prenait tous ses repas près de lui, elle dormait près de lui et restait patiemment assise à lui tenir compagnie toute la journée, refusant même de sortir faire ses promenades habituelles. Après sa mort, Lucy s'est d'abord installée sur son lit, ou en bas dans le salon sur son fauteuil, bougeant à peine et de toute évidence sérieusement déprimée.

Un beau jour, cinq mois après le décès de Simon, Lucy a disparu. Je l'ai cherchée partout, j'ai collé des affiches dans le voisinage, mais impossible de la retrouver. Quatre jours plus tard, je suis montée au cimetière pour aller sur la tombe de Simon, et Lucy était là, couchée près de la tombe. Elle était très maigre et n'avait de toute évidence pas mangé depuis quatre jours, mais elle remuait la queue et bougeait sa tête d'une drôle de façon. Il m'a fallu un petit moment avant de comprendre ce qu'elle était en train de faire. Auparavant, quand elle voulait qu'on la caresse, elle poussait son museau contre nos mains, et quand elle obtenait satisfaction, elle secouait la tête. Elle répétait les mêmes gestes, comme si Simon était en train de la caresser.

Je l'ai ramenée à la maison et je lui ai donné à manger, mais par la suite, chaque fois que je suis allée au cimetière, je l'ai emmenée avec moi, et à chaque visite elle a refait les mêmes mouvements de tête caractéristiques. Je suis convaincue que c'est l'esprit de mon mari qui lui prodiguait des caresses.

J'en suis également convaincue. Il avait existé entre Lucy et Simon un amour très profond, et la mort n'a pas réussi à briser ce lien.

Le chien qui savait

Les animaux peuvent nous apporter énormément de réconfort quand nous sommes affectés. Je crois qu'ils anticipent souvent les événements tristes bien avant nous et ils restent à nos côtés, partageant quasiment notre douleur. Voici l'histoire de Patricia et de sa petite chienne yorkshire, Betty.

Un jour, sans aucune explication, Betty a « pété les plombs ». Elle s'est mise à courir tout autour du salon, à aboyer et à pleurer, à tourner en rond, à se précipiter vers la porte d'entrée et à en revenir en trombe, puis à se coucher devant la porte les quatre fers en l'air. Elle refusait que je la prenne dans mes bras, et finalement elle avait l'air d'être dans une telle détresse que j'en ai conclu qu'elle avait mal et que j'ai appelé le vétérinaire. Il m'a posé quelques questions, il n'arrivait pas non plus à comprendre ce qui se passait, et il m'a dit de l'amener à son cabinet.

J'ai décidé d'attendre mon mari, qui devait rentrer peu après, parce qu'il allait être difficile de faire monter Betty dans la voiture dans l'état où elle se trouvait, et de la calmer suffisamment pour qu'elle reste tranquille le temps du trajet. Le temps passait, et mon mari n'était toujours pas de retour. J'ai appelé à son bureau et on m'a dit qu'il était parti à l'heure habituelle, pourtant une heure plus tard il n'était toujours pas rentré.

Betty se comportait toujours de manière très bizarre, et j'essayais de décider si j'allais ou non l'emmener toute seule chez le vétérinaire quand on a sonné à la porte. C'était une femme de la police. Elle m'a dit, en s'excusant, que mon mari avait été tué dans un accident de voiture en rentrant à la maison. Il était mort sur les lieux de l'accident. Quand j'ai calculé l'heure de l'événement, je me suis rendu compte que celle-ci coïncidait exactement avec le moment où Betty avait commencé à « perdre les pédales » dans le salon. Elle a su, avant moi, ce qui s'était passé.

L'accident s'était produit à plusieurs kilomètres de distance, et la seule façon dont Betty avait pu l'apprendre était d'avoir été prévenue par des anges. Elle avait de fortes capacités de perception médiumnique et je sais qu'elle a réussi à communiquer avec le mari de Patricia après la mort de ce dernier.

Sophie et Skye

Je crains que le récit suivant ne me mette, comme d'habitude, les larmes aux yeux, faites preuve de tolérance à mon égard ! Il s'agit d'une famille avec qui j'ai des liens d'amitié, je connaissais donc bien Sophie et j'ai souvent été témoin du lien exceptionnel qui existait entre elle et sa jument Skye. Voici son histoire, telle que la raconte sa maman.

Ma fille Sophie s'est battue contre le cancer pendant plus d'un an, mais il a fallu se rendre à l'évidence : elle n'allait pas gagner la bataille. Nous l'avons ramenée à la maison pour la soigner sur place les dernières semaines et, pendant cette période, Skye a commencé à se comporter très bizarrement. Elle cognait violemment les portes de l'écurie et quand on la laissait sortir, elle se précipitait sur la clôture de barbelés du champ, se blessant à la poitrine en de nombreux endroits. Personne ne semblait pouvoir l'arrêter.

La veille de sa mort, Sophie nous a demandé si on pouvait l'emmener voir sa jument une dernière fois, et nous l'avons conduite jusqu'à elle. Quand elle a vu les blessures, nous avons dû lui expliquer ce qui était arrivé, et nous l'avons soulevée pour qu'elle puisse avoir une conversation privée avec Skye. Elle lui murmura qu'elle reviendrait la voir, que ce n'était pas la fin, et la jeune fille et l'animal avaient tous deux des larmes dans les yeux. Je ne savais pas que les chevaux pouvaient pleurer, mais cela y ressemblait fort. Skye a léché Sophie, puis frotté ses naseaux contre son visage, c'était une scène incroyablement émouvante. Sophie a dit :

« Elle veut que nous partions à présent, pour pouvoir être triste toute seule. »

Sophie s'en est allée paisiblement à 10h40, le lendemain matin. Juste avant, à 10h35, Skye s'est mise à hennir vraiment très fort. On l'entendait du chevet de Sophie et j'ai deviné sa façon à elle de lui dire au revoir.

Notre merveilleuse fille est morte juste vingt et un jours avant son dix-septième anniversaire. Le jour de son anniversaire, nous avons tous mangé du gâteau et donné une pomme à Skye, puis nous avons chanté « Happy Birthday ». Depuis la mort de Sophie, Skye était redevenue calme, et même léthargique, mais là, elle s'est mise à hennir à sept reprises, comme pour participer aux souhaits d'anniversaire.

Nous croyons que Sophie rend fréquemment visite à Skye actuellement. On peut laisser ouverte la porte donnant accès au pré – jamais elle ne sort, mais elle reste immobile à l'endroit où d'habitude Sophie la sellait. Parfois, elle exécute toute seule ce qui ressemble à une démonstration de dressage. Mais quand je la vois faire, je ne crois pas du tout qu'elle soit seule.

Je suis convaincue que le lien qui existe entre Sophie et Skye se poursuivra au-delà de la mort et que, si elles se réincarnent, elles reviendront sur Terre ensemble. C'étaient deux créatures douces et aimantes qui ont échangé tant de choses que cette relation a illuminé leur existence.

La fuite de gaz

Il existe d'innombrables histoires concernant des animaux ayant donné l'alerte quand leurs maîtres étaient en danger. Les chiens ont un odorat beaucoup plus sensible que le nôtre, et ils captent des sons qui dépassent les limites de la perception humaine. Les chats voient mieux que nous dans le noir, et beaucoup d'autres animaux ont une acuité sensorielle supérieure à la nôtre, leurs sens s'étant développés pour les aider à survivre dans un monde hostile. Ils sont très loyaux envers leurs maîtres, envers ceux qui les nourrissent, il est donc naturel qu'ils cherchent à nous aider quand ils nous croient en danger.

Mais dans les histoires qui vont suivre, aucune explication rationnelle des faits ne semble pouvoir s'appliquer. On peut difficilement comprendre comment les animaux ont réussi à savoir ce qui allait se passer – à moins, évidemment, d'avoir été eux-mêmes prévenus des événements par des anges.

Ce jour-là, je rentrais chez moi après le travail, je venais juste de tourner le coin de ma rue quand Charlie, mon chat, est apparu devant moi, poussant des grognements hargneux et se comportant d'une manière très bizarre et tout à fait étrangère à sa nature habituelle. Chaque fois que j'essayais d'avancer, il s'interposait – il voulait de toute évidence m'empêcher d'aller plus loin. Je me suis baissé pour l'attraper, mais il s'est débattu, a réussi à m'échapper, puis s'est de nouveau posté devant moi, me bloquant le passage.

« Tout cela est ridicule ! ai-je dit à voix haute. Je veux simplement rentrer chez moi après une longue journée de travail. Où est le problème ? »

Mais, tout en parlant, je me suis rendu compte que quelque chose clochait. Charlie avait forcément une raison de se comporter de la sorte. Il avait peut-être surpris quelque intrus en train de cambrioler la maison – et les cambrioleurs étaient peut-être encore là ?

Un policier à la retraite habitait la maison voisine, je lui ai donc demandé s'il voulait bien prendre mes clés et jeter un coup d'œil pour moi. Je me suis assis sur la pelouse devant la maison, et Charlie ronronnait et se frottait contre moi, apparemment satisfait que j'aie tenu compte de son avertissement.

Soudain mon voisin est ressorti en trombe de chez moi en hurlant :

« Vite ! Appelez le gaz. Il y a une fuite dans la cuisine ! »

Nous avons appelé les dépanneurs du gaz et réussi, avant même leur arrivée, à trouver l'emplacement de la vanne extérieure, et à fermer le gaz. Ce faisant, je humais l'air à pleins poumons, en me demandant si Charlie avait pu sentir l'odeur du gaz, ce qui aurait pu l'amener à vouloir me prévenir, mais il n'y avait pas la plus petite trace d'odeur dans le jardin – mon voisin était d'accord là-dessus. Les fenêtres étaient restées fermées toute la journée et je n'avais pas de trappe pour le chat, donc jusqu'à mon retour Charlie ne pouvait pas rentrer dans la maison.

Une fois sur place, les techniciens du gaz ont constaté une anomalie dans ma chaudière, et m'ont dit que tout aurait pu sauter à tout moment, ma lampe torche aurait suffi à déclencher l'explosion. J'avais eu une chance extraordinaire.

« Comment Charlie a-t-il su qu'il y avait quelque chose d'anormal ? », a demandé mon voisin.

Je n'ai pas pu lui répondre. En y réfléchissant après coup, la seule supposition que j'aie pu faire, c'est que des anges l'avaient prévenu.

Les histoires de chiens prévenant leurs maîtres d'un danger sont sans doute parmi les plus communes, mais les chats sont parfaitement capables d'en faire autant, dès lors que les anges les préviennent.

Le grille-pain défectueux

Voici une autre histoire dans laquelle un chat a permis d'éviter un accident qui aurait pu être fatal.

Je m'apprêtais à aller me coucher après avoir comme d'habitude fermé à clé la porte d'entrée et éteint toutes les lumières. C'est l'heure à laquelle, normalement, mon chat Écho – terreur des souris du voisinage – sort chasser, mais au lieu de cela, ce soir-là il s'est assis devant la porte de ma chambre et s'est mis à miauler très fort.

J'ai ouvert la porte.

« Qu'est-ce qu'il y a, Écho ? Tu es malade ? »

Les miaulements étaient si forts que j'ai pensé qu'il avait un problème, mais il avait l'air en forme, mis à part ses cris.

« Tu as envie de jouer ? », ai-je demandé et j'ai lancé dans sa direction la cordelière de ma robe de chambre, ce qui est d'ordinaire le signal d'une joute à qui tirera le plus fort – mais pas cette fois-ci. Il restait là, sur le seuil de la chambre, à miauler à tue-tête.

J'ai essayé de le prendre, mais il s'est dégagé de mon emprise, a filé vers l'escalier menant au rez-de-chaussée et a attendu sur le palier que je le suive jusqu'en bas. Voyant que je n'étais pas sur ses talons, il est revenu à la porte de la chambre, a miaulé encore plus fort, et m'a montré le chemin.

Ayant enfin saisi le message, je l'ai suivi, et suis descendue derrière lui jusqu'à la cuisine. En entrant dans la pièce, je n'ai rien remarqué d'anormal de prime abord, mais j'ai senti une odeur de plastique brûlé. J'ai inspecté tous les éléments de la cuisine, et j'ai fini par trouver : il y avait apparemment un problème du côté de la prise de courant du grille-pain, parce que j'entendais des crépitements ténus en provenance de la prise. J'ai essayé de débrancher l'appareil, mais la prise était brûlante.

À ce moment-là, j'ai remarqué que la lumière était allumée chez mon voisin, je suis donc allée lui demander conseil. Lorsqu'il a débranché le grille-pain, une énorme étincelle a jailli, et il m'a dit que si j'avais laissé l'appareil branché toute la nuit, cela aurait pu provoquer un court-circuit. En outre, ma chambre étant située juste au-dessus de la cuisine, si un incendie s'était déclaré, j'aurais pu être en réel danger.

Quand l'électricien est passé le lendemain, il m'a dit que le câblage était dans un état d'usure prononcée et que les fils auraient pu déclencher un incendie à tout moment. Cela, je ne l'aurais jamais su sans l'intervention de mon remarquable chat.

Il est possible qu'Écho ait senti l'odeur de plastique brûlé de la prise, mais comment un chat aurait-il pu savoir que c'était dangereux ? Je suis sûre que ce sont des anges qui ont prévenu Écho et lui ont dit d'avertir sa maîtresse. C'est la seule explication possible.

Un accident de la route évité de justesse

Tous les animaux sont des créatures spirituelles – même les poissons rouges et les mouches. Nous avons tendance à être plus attentifs aux interventions angéliques impliquant des animaux de grande taille, tels que chevaux, chiens et chats, parce que nous savons en quoi consiste pour eux un comportement normal, et quand leur comportement sort de l'ordinaire, nous le savons aussi. Personnellement, je ne saurais dire à quoi ressemble un comportement censé être anormal chez un poisson rouge !

Une de mes clientes m'a raconté l'histoire suivante à propos d'Érica, sa fille adolescente, qui était un jour allée faire une promenade à cheval.

Érica faisait de l'équitation depuis toute petite et je la savais en sécurité sur les petites routes de campagne aux alentours de chez nous, sachant en outre que Prince, son cheval, était un animal très fiable. Cependant, elle est rentrée un jour de promenade très bouleversée et m'a raconté ce qui venait de se passer.

Elle descendait une petite route particulièrement étroite quand soudain Prince s'est engagé dans le renfoncement de la barrière donnant accès à un pré et a refusé net de bouger. Elle a eu beau tirer sur les rênes et l'éperonner pour le faire avancer – en vain. Il ne bougeait pas d'un pouce.

Cet après-midi-là, il faisait chaud, avec un ciel sans nuages et le silence était tel qu'elle entendait le bourdonnement d'un frelon dans la haie et le souffle du vent sur l'herbe haute. Qu'allait-elle faire si son cheval refusait de l'emmener plus loin ? Cela ne lui ressemblait pas du tout.

C'est alors qu'un énorme camion a soudain déboulé du virage tout proche. Il prenait presque toute la largeur de la route et si Prince s'était trouvé un peu plus loin, il n'aurait pas réussi à l'éviter, la route étant à une seule voie. Érica s'est rendu compte que Prince lui avait sauvé la vie, mais elle n'arrivait pas à comprendre comment il avait pu prévoir l'arrivée de ce mastodonte. Elle n'avait entendu rien d'autre que les bruits de la nature.

Une fois calmée sa colère de voir rouler à toute allure sur de petites routes de campagne un véhicule aussi énorme, ma cliente avait décidé de me faire part de cette histoire parce qu'à ses yeux la seule explication possible était qu'un ange avait guidé Prince.

Je sais que les chevaux ont l'ouïe très fine, mais Érica avait attendu plusieurs minutes à l'entrée de ce pré sans détecter le moindre signe annonçant l'arrivée d'un véhicule. Je suis persuadée que ma cliente est dans le vrai et qu'un ange a sauvé la vie de sa fille en disant à Prince de rester à l'entrée du pré jusqu'à ce que le danger soit passé.

Judo, le berger allemand

J'ai eu à une certaine époque un chien qui s'appelait Judo, et qui était un ange tombé du ciel, envoyé ici-bas pour aider les autres animaux et les êtres humains. Il s'entendait bien avec tout le monde dans le voisinage, et il aimait se promener et cultiver ses relations. Il sortait parfois en balade avec notre voisin qui était policier, ou suivait le facteur quand il faisait sa tournée, ou assistait aux matchs de cricket sur le terrain du village.

Un jour, le postier ayant oublié de refermer la barrière, Judo, alors âgé de huit ans, sortit en direction du terrain de sport, à l'autre bout de la rue. Une femme, avec un bébé en poussette et deux autres enfants en bas âge, attendait au carrefour pour traverser la route ; Judo s'assit sur le trottoir à côté d'eux. L'un des enfants – une petite fille – n'arrêtait pas de se trémousser et sa mère lui répétait de se tenir à la poussette, mais voilà que soudain la fillette lâche prise et s'engage sur la chaussée. Vif comme l'éclair, Judo saute devant elle et la pousse de la tête pour la faire remonter sur le trottoir, juste au moment où une voiture arrivait à toute allure. La voiture a heurté le chien à la tête, mais la petite fille a eu la vie sauve.

Judo réussit à rejoindre tant bien que mal le terrain de cricket où il s'écroula, à la suite d'une fracture du crâne. Il était connu de tous, et l'on est venu me chercher pour m'annoncer la nouvelle. Mon beau chien est mort en héros, car telle était sa destinée. Il savait, quand il s'est assis au bord du trottoir, que cette petite fille allait descendre sur la chaussée, sur la trajectoire d'une voiture. C'est pour cela qu'il s'était assis à ses côtés.

Je crois depuis toujours que les animaux savent beaucoup plus de choses que nous ne l'imaginons. Judo était extrêmement intelligent et sensible – ce chien a illuminé notre vie à tous.

Des anges en pleine nature

De même qu'il existe des gens bons et des mauvais, il existe aussi des animaux bons ou mauvais. Certains peuvent être agressifs, égoïstes et jaloux, tandis que d'autres, comme Judo, sont des anges descendus sur Terre. Je ne cesse de découvrir dans le monde animal des exemples de comportements héroïques, altruistes, qu'aucun naturaliste n'arrive à expliquer. Il est compréhensible que des animaux essaient de sauver d'autres animaux de leur espèce, car cela peut mettre en jeu leur propre survie, mais pourquoi sauveraient-ils des représentants d'autres espèces – ou des êtres humains ?

On entend très souvent parler de dauphins venant au secours de nageurs attaqués par des requins, et c'est effectivement ce qui est arrivé à une de mes amies américaines, Rita, et cette expérience a changé sa vie du tout au tout.

Nous étions à bord de notre bateau dans le golfe du Mexique et il faisait si chaud ce jour-là que j'ai décidé d'aller nager. Je savais qu'il y avait des requins dans les parages, mais nous avons bien regardé autour de nous, sans rien voir de suspect, et l'eau était si tentante que j'ai décidé de prendre le risque.

Je m'étais un peu éloignée du bateau quand deux dauphins sont apparus et se sont mis à batifoler autour de moi. J'ai cru qu'ils voulaient jouer et j'étais ravie. L'un d'eux m'a laissé attraper sa nageoire et m'a tirée dans l'eau en direction du bateau. C'est alors que j'ai entendu mon mari crier. J'ai levé les yeux : il me faisait signe en agitant frénétiquement les bras.

« Sors de l'eau ! hurlait-il. Vite ! Dépêche-toi ! »

J'ai nagé très vite jusqu'à l'échelle d'accès, escortée par mes amis les dauphins. Mon mari m'a aidée à remonter et j'ai remarqué qu'il tremblait très fort en désignant du doigt l'endroit où je me trouvais quelques minutes auparavant. Un énorme requin mâle d'environ trois mètres de long tournait en rond, et l'on voyait clairement sa nageoire dorsale en surface.

« Ces dauphins l'ont tenu à distance le temps que tu sortes de l'eau, a dit mon mari. Ils t'ont sauvé la vie. »

Et moi qui croyais qu'ils étaient simplement en train de jouer ! J'ai suivi leur trace jusqu'à ce qu'ils disparaissent vers l'horizon et je leur ai envoyé un baiser de gratitude avant que mes jambes ne se dérobent... J'ai de fortes convictions spirituelles et je crois que des anges ont poussé ces dauphins à me sauver ce jour-là. Jamais je ne retournerai nager dans cette zone. Cet avertissement m'a suffi !

En safari

Des amis à moi, qui ont tourné une série de documentaires animaliers pour la télévision, m'ont raconté des histoires incroyables à propos du comportement de certains animaux en Afrique, véritablement sans précédent aux dires de leurs experts.

Les éléphants et les rhinocéros ne se fréquentent pas. Ils ne sont pas vraiment amis, c'est un fait connu que les éléphants tuent parfois des rhinocéros quand ceux-ci s'immiscent sur leur territoire, ou que les deux territoires se chevauchent en partie. D'où notre incrédulité en voyant un jour deux éléphants encadrer étroitement un jeune rhinocéros tout au long de la journée. « Mais qu'est-ce qu'ils font ? », n'arrêtions-nous pas de nous demander les uns aux autres. « Qu'est-ce qui se passe ? » Fait encore plus étrange, il s'agissait de deux jeunes éléphants, et les éléphanteaux, comme nos adolescents, sont sujets à des fluctuations d'humeur spectaculaires. C'est dans leur jeune âge que les éléphants mâles sont les plus agressifs.

À la tombée du jour, les trois compagnons sont partis en direction d'un point d'eau distant d'environ huit cents mètres. Le rhinocéros marchait entre les deux éléphants, déviait de temps en temps et se cognait alors à l'un ou à l'autre.

Nous en avons conclu que quelque chose clochait chez le rhinocéros, jusqu'à ce que finalement l'un des membres de l'équipe trouve la réponse :

« Il est aveugle ! Et les éléphants l'aident à rejoindre le point d'eau. »

Aucun d'entre nous n'avait jamais rien vu de tel au cours de toute notre carrière, pourtant c'est effectivement ce qui était en train de se passer là, sous nos yeux.

Voici une autre histoire que je tiens d'un autre membre de l'équipe de tournage.

Une lionne s'est approchée à un moment de notre 4x4, elle a frotté sa tête contre la carrosserie, puis a levé les yeux vers nous. Nous étions sur nos gardes car nous savions qu'elle avait des petits et qu'elle les défendrait agressivement si nous nous approchions trop près de son repaire. Nous ayant devancés de quelques enjambées, elle s'est retournée en nous regardant.

« Elle veut qu'on la suive, a dit mon caméraman, interloqué. Elle se comporte comme un chat domestique ou un chien qui veut qu'on l'accompagne. »

Nous l'avons suivie à travers la plaine, jusqu'à une clairière où nous attendait le spectacle d'un véritable carnage. La tanière avait été attaquée et une lionne morte gisait à terre avec un lionceau mort à ses côtés, alors que les deux autres petits survivants la poussaient du nez pour qu'elle se lève. Notre lionne nous avait amenés là pour nous prendre à témoin. Une fois sûre que nous avions vu les petits, elle a fait demi-tour et elle est repartie : ce qu'elle attendait de nous, visiblement, c'était que nous prenions soin d'eux, ce que nous avons fait.

Là encore, c'est une attitude contre-nature pour une lionne que de sauver la progéniture d'une autre lionne. Cela ne se fait pas, normalement, car cela équivaut à mettre les petits de l'autre lionne en concurrence avec les siens pour la nourriture et le territoire. Sauf que celle-ci l'a fait.

Chaque fois que des animaux se comportent d'une manière antinaturelle afin d'agir au bénéfice d'autres créatures, je suis convaincue que des anges sont impliqués dans l'histoire, et qu'ils ont de bonnes raisons pour cela. Les membres de l'équipe de tournage étaient des spécialistes aguerris de la vie sauvage, et ils n'ont pas trouvé d'autre explication plausible.

Les animaux médiums de ma famille

Je n'ai qu'un seul animal de compagnie en ce moment – Henry, mon vieux chat aveugle.

Il y a eu dans ma vie, au fil des ans, je ne sais combien de chats, de chiens et de chevaux, chacun doté d'un caractère très différent, mais ayant tous leur propre forme de médiumnité.

Il y a eu Carla, croisée de labrador et de doberman, qui veillait sur Henry et qui faisait en sorte qu'il ne se cogne pas partout. Ils frottaient leurs museaux l'un contre l'autre et ils étaient les meilleurs amis du monde. Carla adorait mon petit-fils Thomas et semblait anticiper instinctivement ses visites, même si nous n'en avions pas parlé. Elle sortait s'asseoir près de la grille d'entrée de la maison, une balle entre les dents, et elle attendait Thomas pour jouer avec lui. Et lorsque Michael, mon mari, est entré à l'hôpital pour se faire opérer, Carla est restée assise à la porte, surveillant l'allée jusqu'à son retour. Elle refusait de sortir jouer ou de venir se blottir contre moi sur le canapé parce qu'elle ne voulait pas abandonner son poste.

Depuis qu'elle est morte, Carla m'a rendu visite plusieurs fois, la dernière en date coïncidant avec l'hospitalisation de Nicky. J'étais allongée sur mon lit, j'ai levé les yeux, et Carla était là, me fixant du regard. Je lui ai dit : « Tu vas bien ? », et elle a remué la queue. La fois suivante, je me suis penchée pour la caresser, par un réflexe habituel, mais elle était déjà partie. « C'est bon de te revoir », lui ai-je dit. Je savais qu'elle me rendait visite pour me remonter le moral pendant cette période très stressante où Nicky était gravement malade (j'y reviendrai dans le prochain chapitre), et revoir la belle frimousse de ma chienne m'a effectivement aidée.

Un autre de mes chiens, Barney, était tout à fait loufoque – le genre de chien qui court après sa queue, qui enterre des os et n'arrive pas ensuite à les retrouver –, mais il voyait souvent des esprits avant que je les voie moi-même. Il n'aboyait pas à leur vue, mais chaque fois que je le surprenais en train de scruter dans une direction, en suivant son regard, je voyais qui il observait.

J'ai toujours constaté que j'arrivais à communiquer avec les animaux, de même avec les enfants handicapés, rien qu'en ouvrant mon esprit et en écoutant. Je peux quelquefois transmettre à leurs maîtres des messages émanant de leurs animaux familiers disparus. Ils me disent comment ils sont traités, pourquoi ils ne font pas certaines choses, ou ils indiquent quand ils sont en souffrance. Je ne peux plus mettre les pieds dans un zoo parce que cela me perturbe trop d'entendre tous ces animaux captifs me dire à quel point ils sont malheureux dans leurs cages. Quand je marche dans la rue, j'ai souvent des conversations avec les animaux que je croise, mais je dois le faire de manière subtile, sinon les gens penseraient que je déraille complètement. Je leur adresse juste mentalement un rapide « Bonjour, comment ça va ? »

Ma fille Tanya a de réelles affinités avec les animaux : elle les aime, et c'est réciproque. Elle avait à une certaine époque un cheval nommé Musky, et il lui arrivait, étant dans la maison, de prononcer son nom d'une voix normale – « Je sors juste voir Musky » – et, en regardant par la fenêtre, nous constations qu'il était en train de traverser le pré à la course jusqu'à leur point de rencontre habituel. Il savait toujours d'avance quand elle allait venir parce qu'il existait entre eux deux un lien médiumnique fort.

Tanya a eu d'autres chevaux au fil des ans, et elle a été proche de chacun d'entre eux. À l'âge de seize ans, elle a eu à prendre une décision difficile – le genre de décision qu'affrontent tous les propriétaires d'animaux à un moment ou à un autre.

Ma jument Lady, un magnifique pur-sang bai, souffrait d'un empoisonnement lié au botulisme, de même que trois autres chevaux occupant les box voisins. L'ingestion de bactéries présentes dans la terre ou dans l'eau cause chez les chevaux de graves dégâts, avec un taux de mortalité très élevé. Lorsque je suis passée voir la jument, j'ai appris qu'un des autres chevaux était mort. Je suis entrée dans le box de Lady, je suis restée assise auprès d'elle, j'ai posé sa tête sur mes genoux, faisant de mon mieux pour la calmer, mais elle se roulait par terre en tous sens. C'était un spectacle affreux, je ne voulais pas la laisser dans un tel état de souffrance, je me demandais intérieurement quoi faire.

Quand la réponse est venue, je savais que c'était Lady qui me disait : « Aide-moi, aide-moi, laisse-moi partir. »

Je suis allée trouver le vétérinaire, qui donnait des soins à un autre cheval.

« J'ai fait tout ce que je pouvais pour elle, m'a-t-il dit. Ce n'est plus qu'une question de temps à présent, à moins que vous ne vouliez hâter le processus. C'est à vous de voir. »

C'était la plus importante décision que j'aie jamais eu à prendre dans ma jeune existence, mais je savais qu'il fallait la laisser mourir. C'est ce qu'elle voulait et je ne pouvais pas faire preuve d'égoïsme en la matière.

J'ai soutenu la tête de Lady, tout en la caressant, tandis que le vétérinaire lui administrait l'injection létale. Elle m'a regardée jusqu'au plus profond de moi et j'ai entendu les mots : « Merci, merci. » J'ai senti jaillir en moi un énorme torrent d'amour envers elle et j'ai senti son amour me répondre en écho tandis que la douleur s'apaisait et que la vie se retirait d'elle. Tant que je vivrai, je me souviendrai de ce moment.

Ses relations avec les chevaux ont appris à Tanya à ne jamais préjuger des réactions des animaux. Elle demande toujours, avant de monter un cheval, s'il est d'accord et, comme moi, elle a tendance à bavarder avec les chiens et les chats qu'elle croise dans la rue.

Tous les animaux sont médiums, sans exception. Ils se fient à leurs sens beaucoup plus que nous, et perçoivent le danger d'une manière qui nous reste inaccessible (sauf si nous avons été prévenus par des anges). Les animaux domestiques font passer leurs propriétaires avant eux, de même que les chiens policiers et les chiens d'aveugles donnent toujours la priorité à leur maître. Ils leur restent fidèles, même s'ils sont maltraités. Ils ont une forme d'intelligence dérivée de leurs aptitudes médiumniques que nous ne reconnaissons pas toujours. Observez un chien d'aveugle prévenant son maître au moment où le bus arrive à l'arrêt où ils attendent, ou bien l'animal de compagnie d'une personne handicapée qui devine avant elle ce dont elle va avoir besoin, et vous verrez ce que je veux dire.

Ne sous-estimez jamais votre animal, ni la force du lien qui vous unit, car je tiens pour une réalité effective le fait qu'ils deviennent des anges qui reviennent afin de veiller sur nous, après leur mort. Et nombre d'entre eux sont des anges qui veillent aussi sur nous de leur vivant.

7

CES ANGES QUI NOUS GUÉRISSENT

L'un des moments où nous avons le plus besoin des anges, c'est lorsque nous sommes affectés par la maladie ou la douleur, que cela concerne un proche ou bien nous-même. Nous nous sentons très vulnérables quand nous sommes livrés aux mains de médecins et d'infirmières, qui peuvent, selon les cas, avoir ou non le temps de nous expliquer posément tout ce qui se passe. Les hôpitaux sont des lieux étrangers peuplés d'appareils insolites pour nous, d'odeurs d'antiseptiques et d'une bureaucratie anonyme, et les salles de consultation des médecins ne valent souvent guère mieux. Quand on se sent mal, on peut avoir des difficultés à s'exprimer clairement, et avec certains médecins, on a l'impression d'être poussé en toute hâte vers la sortie pour laisser la place au patient suivant. C'est dans ces moments-là que les anges peuvent être une réelle source de réconfort.

Je sais de quoi je parle, car en matière de santé, j'ai largement eu ma part de problèmes au fil des années. Dans le chapitre 1, j'ai mentionné l'embolie pulmonaire dont j'ai souffert alors que Carl, Nicky et Tanya étaient respectivement âgés de dix, neuf et sept ans. Je me suis réveillée au beau milieu de la nuit avec une douleur intense dans la poitrine, des difficultés à respirer, et j'étais littéralement pétrifiée, même après avoir entendu la voix de ma mère me dire que tout allait bien se passer. Tandis que j'étais allongée aux urgences, dans l'attente de soins, des anges sont venus me calmer et m'ont enseigné une technique d'autohypnose qui a atténué la douleur. Les infirmières étaient stupéfaites car lorsqu'elles sont revenues vérifier mon état, mon rythme cardiaque s'était calmé et je respirais beaucoup plus facilement. Je leur ai dit que je n'avais plus besoin des analgésiques qu'elles m'avaient apportés et, surprises, elles en sont presque tombées à la renverse, car les embolies pulmonaires sont connues pour être douloureuses.

Bien m'en a pris d'avoir appris ces techniques de contrôle de la douleur, car j'ai eu depuis cinq autres embolies pulmonaires ! Je souffre de thromboses de manière chronique – le contraire de l'hémophilie –, mon sang se coagule trop facilement, provoquant des embolies et des attaques. Je suis sous traitement, mais il est pratiquement certain que je succomberai un jour ou l'autre à cette maladie. J'ignore quand, et j'ai choisi de ne pas partir avant encore pas mal de temps, mais la mort ne me tracasse pas. C'est le lâcher prise qui est difficile pour certaines personnes, mais moi, je suis déjà morte et je sais que c'est une expérience magnifique.

J'ai parlé à de nombreuses personnes qui sont mortes puis sont revenues à la vie parce que leur heure n'était pas venue, et leurs histoires présentent toutes des similitudes remarquables.

Dans mon cas, alors que je n'avais pas encore la trentaine, j'étais en train de subir une hystérectomie d'urgence et, tandis que je me trouvais sur la table d'opération, je me souviens avoir flotté à travers un espace sombre en direction d'une porte légèrement entrouverte. Une lumière dorée ourlait le pourtour de la porte et on aurait dit qu'une fête joyeuse battait son plein de l'autre côté. Je savais que ma mère y était forcément présente, car elle était déjà morte à l'époque, et je tendais les bras en direction de la porte, dans l'espoir d'entrer !

« Tu dois repartir. Ton heure n'est pas venue. Nous ne sommes pas prêts à t'accueillir », a alors dit une voix d'homme de manière très claire.

Je me suis sentie extrêmement déçue de ne pouvoir franchir cette porte. À cet instant-là, je ne me suis pas tournée vers mon passé, je ne me souvenais plus que j'étais une femme mariée avec trois enfants qui auraient été bouleversés jusqu'au désespoir si je mourais. Je n'avais qu'une seule idée : accéder à cette lumière dorée. Mais mon heure n'était pas – encore – venue.

Ensuite, je me suis retrouvée au niveau du plafond de la salle d'opération, en train de regarder les médecins en contrebas qui s'efforçaient de faire repartir mon cœur. L'incision à l'abdomen par laquelle ils m'avaient retiré l'utérus était encore béante et ils étaient en train d'appliquer sur ma poitrine un défibrillateur, se reculant pour envoyer des électrochocs qui faisaient se convulser mon corps. J'entendais ce qu'ils disaient, sans bien comprendre parce qu'ils parlaient de chiffres d'ordre technique qu'ils lisaient sur des cadrans.

Après cela, je ne me souviens plus de rien jusqu'à mon réveil – dans la salle du même nom. J'ai marmonné à l'infirmière qui me surveillait du coin de l'œil : « Je suis morte, n'est-ce pas ?

— Mais non, mais non, a-t-elle dit d'un air gêné. Je ferais mieux d'appeler le docteur pour qu'il discute de tout cela avec vous. »

Le médecin a refusé de l'admettre devant moi, mais mon mari a appris par une jeune infirmière ce qui s'était exactement passé. Apparemment, j'étais trop anémiée, on n'aurait pas dû m'opérer à ce moment-là car le taux d'hémoglobine était trop bas, et mon cœur s'est arrêté de battre en plein milieu de l'opération.

Une fois encaissé le choc lié à cette mort, je me suis sentie très calme et rassurée. Je sais à présent que quand mon heure sera venue, j'en serai avertie et je sais que ce sera une expérience paisible et heureuse. J'ai raconté depuis cette histoire à d'autres personnes ayant vécu une expérience de mort imminente, et toutes disent : « Oui, c'est exactement ce qui m'est arrivé. » Elles savent ce que l'on ressent dans ces moments-là.

L'homme en blanc

Avant sa mort, ma mère m'avait parlé un jour d'un ange qui était venu à elle au cours d'une opération. Elle souffrait de tuberculose et devait subir l'ablation d'un poumon.

Je me souviens du masque d'anesthésie en caoutchouc sur mon visage et du chirurgien faisant le compte à rebours de dix à zéro, et j'ai effectivement perdu conscience pendant un moment, mais je me suis réveillée en cours d'opération. Je n'arrivais pas à ouvrir les yeux, mais j'entendais les médecins et les infirmières se parler. Je ne souffrais pas mais je sentais qu'ils me faisaient, dans la poitrine, quelque chose de tout à fait terrifiant, et j'ai commencé à paniquer. Je voulais leur faire savoir que j'étais réveillée, mais je ne pouvais pas parler et je n'avais aucun moyen de me manifester.

C'est alors qu'un homme entièrement vêtu de blanc est apparu, il est resté là, debout près de la table d'opération, et m'a tenu la main. J'ai tout de suite su que c'était un ange, car il émanait de lui une sorte de lueur et il m'a instantanément redonné le calme et la paix. J'ai adoré cette sensation de sa main tenant la mienne.

« Je peux me rendormir ? », lui ai-je demandé.

Il a hoché la tête en signe d'acquiescement, je me suis donc rendormie – et à mon réveil, il avait disparu.

Ma mère était très malade mais, a-t-elle dit, dès qu'elle a vu l'ange, elle a su qu'elle allait survivre. Il n'a rien eu à dire. Sa seule présence a suffi pour qu'elle se sente bien.

La voix de l'ange

Il y a pour nous tous un temps pour vivre et un temps pour mourir, et même après avoir eu un accident, un cancer ou une autre maladie mettant en jeu notre existence, les anges peuvent intervenir et nous aider à prolonger notre parcours dans cette vie. Sue est une Américaine qui m'a raconté l'histoire suivante concernant son expérience de mort imminente.

Je n'ai aucun souvenir de l'accident de voiture. J'ignore totalement comment c'est arrivé. Je n'ai pas vu venir le camion et je n'ai pas ressenti l'impact. Tout est simplement devenu noir. Puis j'ai entendu des voix.

« Celle-là est morte », a dit une voix d'homme. Ses doigts étaient posés sur mon cou et cela m'a fait un choc de me rendre compte que c'était de moi qu'il parlait. Ridicule !

« Drapez-la dans une couverture et venez par ici m'aider », lui a demandé une voix féminine.

Je me disais : « Arrêtez ! Ne partez pas ! », mais je me suis vite rendu compte que les mots n'arrivaient pas à sortir. Je savais que je n'étais pas encore morte mais que je ne devais pas en être loin car les services de secours n'avaient pu détecter aucun signe de vie.

Et puis un ange est arrivé. Je ne voyais rien, mais je savais qu'un ange était présent car j'ai instantanément éprouvé un sentiment de calme, comme si j'étais enveloppée d'une cape protectrice.

« Vous ne venez pas avec moi. Vous restez où vous êtes », a dit l'ange.

J'ai soudain entendu ces mots : « Je suis là. » Le plus étrange, c'est que j'avais la bouche ouverte, mais que les mots qui en sortaient n'étaient pas les miens. Ne me demandez pas comment cela s'est fait, mais je savais que l'ange parlait à travers moi. « Je suis là », ai-je répété.

J'ai entendu une voix d'homme dire :

« Oh, mon Dieu, cette femme est vivante, en définitive ! Vite ! »

J'ai senti des doigts tâter ma carotide et j'ai de nouveau perdu connaissance. Quand je suis revenue à moi, j'étais dans un lit d'hôpital, plâtrée de partout, avec une perfusion au bras. Je me souvenais parfaitement de l'ange qui m'avait sauvé la vie ce jour-là en se servant de ma voix pour appeler à l'aide. Cela ne fait pas le moindre doute dans mon esprit.

Quand les anges parlent à travers nous, il n'y a pas le moindre doute sur l'origine de la voix. Lorsque cela m'arrive, il s'agit toujours d'une voix très claire qui donne l'impression soit de sortir de ma tête, soit d'émaner de quelqu'un qui se tient là, à côté de moi. En tout cas, cette voix ne ressemble pas du tout à la mienne. Mais pourquoi cela ? Les anges utilisent aussi le canal de notre voix quand ils ont besoin de court-circuiter notre esprit pour entrer en contact avec nous de façon claire et rapide. Cela nous permet d'admettre avec moins d'étonnement qu'ils puissent prendre le contrôle de la pédale d'accélérateur d'un conducteur, ou soulever quelqu'un qui est sur le point de tomber d'une falaise. Ils peuvent faire ce qu'ils veulent de nos corps – même les guérir d'une maladie. Tout ce qu'ils font à notre égard est toujours bénéfique et positif.

X laisse sa signature

Une femme nommée Sally est venue me voir un jour dans un état de grande détresse, à la suite d'un diagnostic de tumeur inopérable au cerveau. Elle était mère de deux enfants de neuf et onze ans, et l'idée de les quitter la terrifiait.

« Ce n'est pas possible, je ne peux pas mourir ! répétait-elle entre deux sanglots. Personne ne s'occupera d'eux aussi bien que moi. Ils ont besoin de moi. »

J'ai fermé les yeux et demandé de l'aide à Dieu et à Jésus au nom de cette femme. J'ai reçu en réponse un message disant qu'elle devait s'adresser elle-même aux anges et que tout irait bien. Je lui ai expliqué la situation et l'ai quelque peu calmée avant qu'elle ne reparte. Je la laisse terminer l'histoire.

Quand on a diagnostiqué cette tumeur, c'était abominable au-delà de toute expression. On me l'a montrée sur les clichés du scanner, j'avais donc présente à l'esprit l'image de cette masse mortifère qui faisait pression sur mon cerveau, et ne cessait de grossir. J'avais l'impression d'être une bombe à retardement ambulante. Le pire était que je ne pouvais rien faire, à part prendre les médicaments prescrits. Quand on a un rhume, on peut prendre de grosses doses de vitamine C, rester au chaud et se reposer, et je voulais que quelqu'un me dise quoi faire face à une tumeur au cerveau – mais personne n'en savait rien. Alors, quand Dorothy m'a conseillée de prier, je me suis sentie un peu mieux parce que là, au moins, c'était une initiative que je pouvais prendre moi-même.

J'ai commencé à prier les anges plusieurs fois par jour. Ils ne quittaient que rarement mes pensées. J'ai demandé à ma mère et à ma grand-mère, qui étaient décédées, si elles voulaient bien intervenir de ma part, et j'ai prié Dieu et Jésus et tous les interlocuteurs qui me venaient à l'esprit.

Je voyais souvent mentalement la tumeur et j'ai commencé à l'imaginer en train de rétrécir, j'essayais de lui imposer ma volonté. Parfois, quand je priais, je croyais susciter une voix disant : « Tu vas aller bien », mais ces mots, j'avais tellement envie de les entendre que je n'arrivais pas à me convaincre que ce n'était pas une invention de ma part. Ce n'étaient peut-être que des rêves éveillés.

Six semaines plus tard, j'ai été convoquée à l'hôpital pour un scanner de routine, et je voyais bien, à l'attitude des médecins et des infirmières, qu'ils s'attendaient à ce que la tumeur ait grossi. Ils me parlaient avec précaution, sur un ton très feutré et je me demandais s'ils s'attendaient à ce que mes facultés cognitives soient déjà affectées. Je me suis allongée sur la table du scanner et ils m'ont fait glisser dans l'énorme appareil au ronron bourdonnant.

Il m'a semblé que l'examen était plus long que d'habitude et, quand je suis ressortie, l'expression d'étonnement était unanime dans la salle.

« Que s'est-il passé ? », ai-je demandé, effrayée à l'idée que les choses n'aient pris un tournant sérieusement négatif.

« On ne trouve pas trace de votre tumeur. Elle n'est plus là où elle était. En fait, elle a disparu, a dit le radiologue. Je n'ai jamais rien vu de pareil depuis que j'exerce. »

Mes jambes ne me portaient plus, j'ai dû m'asseoir pour encaisser la nouvelle.

« Nous allons imprimer les clichés et le docteur va les examiner avec vous. »

Dans la salle de consultation, le médecin a froncé les sourcils en regardant le cliché.

« Il n'y a aucune trace de tumeur, mais regardez... mais qu'est-ce que c'est que ça ? »

J'ai regardé avec lui. Là où se trouvait auparavant la tumeur, il y avait un minuscule x.

« Ce doit être une marque sur la pellicule », a-t-il dit, mais quand il a regardé le cliché sur son ordinateur, le x était également visible.

« Eh bien, je n'en reviens pas, a-t-il dit, en frottant son menton d'un geste pensif. Je n'ai pas la moindre idée de ce qui peut expliquer tout cela. »

J'ai décidé de ne pas lui parler des anges. Je sentais que j'avais affaire à un scientifique trop cartésien pour me croire. Mais je sais de manière catégorique que les anges m'ont guérie de cette tumeur au cerveau et je ne les remercierai jamais assez.

Moi, je crois que Sally aurait dû parler des anges à son médecin. Elle aurait peut-être constaté qu'il avait déjà lui-même une expérience liée aux anges, et elle aurait pu, au moins, susciter chez lui un processus d'ouverture d'esprit vis-à-vis d'eux. De nombreux médecins à qui j'ai parlé sont des gens d'un haut niveau spirituel qui s'entretiennent quotidiennement avec leurs propres anges lorsqu'ils sont à la recherche de la meilleure manière possible de venir en aide à leurs malades.

La visite d'un archange

Si vous êtes croyant, demandez de l'aide aux anges et vous serez entendu. Une de mes clientes, Izabella, m'a raconté son histoire à propos de l'expérience qu'elle a vécue, en relation avec un cancer du sein.

Au cours de l'été 2001, alors que j'effectuais un stage de formation au chamanisme, j'ai découvert une petite boule dans mon sein droit. En trois jours, la boule avait doublé de volume, je me suis donc précipitée au service de chirurgie de mon médecin. Quelques jours après, j'ai subi une biopsie, une semaine après je voyais le chirurgien spécialiste du sein, qui me fixait un rendez-vous pour l'opération, prévue pour une quinzaine de jours plus tard.

Le chaman avec qui j'étudiais croyait être en mesure de me débarrasser de la tumeur sans passer par la chirurgie, et une semaine avant l'opération, j'ai entamé avec lui un cours intensif de pratiques de guérison. Je me sentais tiraillée entre deux orientations. Quelle voie fallait-il suivre ? La plus naturelle, ou la plus radicale ? Parallèlement, je participais à un groupe de méditation hebdomadaire, et c'est au cours de la dernière méditation avant l'opération que j'ai vécu l'expérience la plus intense de toute mon existence.

Soudain, là devant moi est apparu un homme en armure, avec des ailes sortant de ses omoplates. Il était debout en face de moi, près de me toucher. Je suis restée confondue devant sa force, son pouvoir, sa passion – et sa rage.

« Cela n'aurait pas dû arriver, a-t-il dit d'un ton courroucé, mais cette tumeur évolue si vite qu'il faut vous la faire ôter tout de suite et accepter le traitement existant. Vous serez sauvée. Nous vous protégerons et nous vous aiderons. Mais il est trop tard et vous devez subir l'intégralité du traitement. »

Et il a répété :

« Quelque chose nous a échappé. Cela n'aurait pas dû arriver. » Il parlait d'un ton à la fois passionné et protecteur.

Après son départ, j'étais littéralement sans voix. Je suis allée consulter une personne que je savais capable de m'expliquer de qui il s'agissait, et elle m'a dit que c'était l'archange Michel. Elle m'a tendu un dessin le représentant et c'était exactement la même image que celle qui m'était venue en tête. Après quoi je n'ai plus eu le moindre doute sur ce que je devais faire.

Lorsque l'on a pratiqué l'ablation et la biopsie de mon sein, il s'est avéré qu'il s'agissait d'une forme très agressive de cancer, et même au-delà de ce à quoi s'attendaient les médecins. Une année de traitement était prévue – plus que la durée moyenne –, mais je n'ai jamais ni douté ni flanché. Malgré les malaises et la dureté du traitement, je me suis accrochée. Je savais que cette démarche était la bonne.

Je crois encore aujourd'hui que l'archange Michel m'a sauvé la vie en me conseillant comme il l'a fait et en renforçant ma foi dans une issue favorable, et je lui en suis très reconnaissante.

Izabella est déjà une personne à la spiritualité très développée – c'est pourquoi elle suivait un enseignement chamanique – et c'est aussi une femme très forte. Je sais qu'elle a passé une année affreuse, à subir les séances de chimiothérapie et de radiothérapie qui lui ont fait perdre ses cheveux, vomir sans arrêt et se sentir au plus bas certains jours, mais elle n'a jamais perdu foi en l'idée qu'elle irait mieux grâce à l'aide des anges. Et cela me réjouit de savoir qu'elle est aujourd'hui guérie de son cancer depuis sept ans.

Le pouvoir de la prière

Je n'affirme pas que toute personne atteinte d'un cancer sera guérie si elle prie suffisamment, parce que la vie ne fonctionne pas ainsi. Si l'heure de mourir est venue pour vous, alors la mort viendra, mais la prière peut vous rendre les derniers jours, les dernières semaines ou les derniers mois plus faciles à vivre, en vous offrant le réconfort de savoir que vous ne serez pas seule pour ce dernier voyage. Les anges seront à vos côtés.

Comme je l'ai déjà mentionné plus haut, il y a deux moments clés où notre mort peut survenir. Ruby, une jeune adolescente, souffrait d'un cancer, diagnostiqué comme étant au stade terminal. La famille n'était pas très versée dans la spiritualité et sa mère n'était venue me voir que poussée par le désespoir, après que Ruby eut plongé dans l'inconscience, et que l'on eut annoncé à la famille qu'elle n'avait plus que quelques jours à vivre. Pendant la séance, j'ai vu que la vie de Ruby ne tenait qu'à un fil, et qu'elle était près de mourir, mais j'ai conseillé à sa mère de prier de tout son cœur, de toute son âme, du plus profond d'elle-même. Voici ce qui s'est passé ensuite.

Je ne sais pas ce qui m'a poussée à aller consulter Dorothy. Une amie m'avait parlé d'elle des années auparavant, mais au cours des derniers jours de la vie de Ruby je me raccrochais aux plus petits riens ! Je ne pense pas avoir vraiment cru qu'elle pourrait m'aider, mais je savais qu'il fallait tenter tout ce qu'il était humainement possible de faire pour sauver ma petite fille.

Je m'étais mise à « prier » dès le tout premier diagnostic, mais quand j'y repense, je ne priais que du bout des lèvres. « Mon Dieu, je vous en prie, faites qu'elle ne meure pas » – cela ne suffit pas. Mais après avoir parlé à Dorothy, je me suis mise à prier de tout mon cœur, de toute mon âme, de tout mon être. Je restais là, au chevet de ma fille, attentive au faible va-et-vient de sa respiration et à la blancheur de craie de sa peau, et je priais en y mettant tout ce que j'avais en moi.

« Prenez-moi à sa place. Prenez tout ce que j'ai. Mais je vous en supplie, sauvez mon enfant. » Les larmes inondaient mes joues tandis que je veillais Ruby toute la nuit en lui tenant la main, et que je la regardais dormir profondément, allongée là dans son lit. Vers le matin – je crois que je m'étais un peu assoupie –, j'ai fait un rêve. Il ne s'y passait rien de particulier, mais je me rappelle m'être réveillée avec l'impression réconfortante que tout allait bien se passer. Je n'avais aucune raison valable de penser cela, mais je me sentais paisible et merveilleusement

heureuse. Alors que la réalité, c'est que j'étais assise au pied du lit de mort de ma fille.

À mesure que la lumière a commencé à filtrer derrière les stores, j'ai regardé Ruby de très près et j'ai d'abord cru à un effet de mon imagination : ses joues semblaient avoir repris des couleurs. Sa respiration paraissait aussi plus naturelle.

Une infirmière est venue faire le point et a fait remarquer qu'elle avait meilleure mine. « Mais n'ayez pas de faux espoirs, a-t-elle ajouté. Les patients ont parfois un dernier sursaut d'énergie avant la fin. »

Une heure plus tard, Ruby et moi étions seules dans la chambre, quand elle a soudain ouvert les yeux et m'a regardée pour la première fois depuis des semaines.

« Bonjour, ma chérie, ai-je murmuré en lui souriant. Comment te sens-tu ?

— J'ai faim, a-t-elle dit. Il y a quelque chose à manger ? »

Mon cœur a bondi dans ma poitrine. Cela faisait longtemps qu'elle n'avait pas demandé à manger. On avait dû la forcer à avaler quelques cuillerées de nourriture, juste pour la maintenir en vie. J'ai sonné l'infirmière, qui a eu l'air surprise mais qui lui a tout de même apporté un bol de soupe, qu'elle a engloutie jusqu'à la dernière goutte.

« Il reste encore de la soupe ? », a-t-elle demandé, et j'en aurais sauté de joie. Au fond de mon cœur, je savais que l'on était à un tournant décisif.

L'infirmière a alors appelé un médecin, et il m'a aussi prévenue de ne pas nourrir de faux espoirs, mais il a tout de même fait une prise de sang. Quand les résultats sont tombés, ils n'en croyaient pas leurs yeux parce que toute trace de cancer avait disparu. C'était un miracle stupéfiant.

Ruby a dû rester à l'hôpital encore quelque temps, afin de récupérer ses forces et on lui a fait des quantités de tests pour essayer de comprendre ce qui était arrivé, et comment elle avait pu se remettre d'un cancer en phase terminale. J'ai fait part aux médecins de ma conviction selon laquelle c'était le pouvoir de la prière qui l'avait sauvée et j'ai bien vu, à leur façon de hausser les sourcils, qu'ils me croyaient folle – je savais pourtant que c'était la vérité. Cette nuit-là, si je ne l'avais pas passée à prier du plus profond de moi, aurait pu être pour Ruby la dernière de toutes.

Au cours de cette séance où j'avais face à moi la mère de Ruby, j'ai su que Ruby aurait pu mourir de cette mort-là. Sa maladie avait une raison d'être – aider ses parents à être plus dans la spiritualité et moins dans le matérialisme – et je suis heureuse que la leçon ait été retenue. C'était un couple de gens riches, possédant de vastes demeures et d'élégantes voitures, et pris dans un système où l'argent peut tout acheter, mais depuis la maladie de Ruby, ils ont fait de nombreux dons à des associations caritatives et la mère travaille en tant que bénévole auprès des sans-abri. Ils ont appris à discerner ce qui compte vraiment – et au lieu d'une brève existence, Ruby aura une longue vie.

Le pouvoir de bouger

La maladie est très solitaire. Vous avez beau être très proche de vos amis et de votre famille, vous seule connaissez les peurs secrètes qui hantent votre esprit, l'angoisse à l'apparition de chaque nouveau symptôme et la terreur quant à ce que l'avenir vous réserve. Certaines personnes vivent jour après jour des douleurs intolérables, et doivent pourtant trouver la force de continuer à vivre. Qu'elles le sachent ou non, les anges sont constamment à leurs côtés, les aident à travers l'épreuve, mais il y a malgré tout des jours où elles plongent dans le désespoir.

Quand vous avez un grave problème de santé pour lequel la médecine n'a rien à proposer en termes de guérison, l'avenir peut sembler très sombre. Toutes vos priorités changent. Au lieu de rêver que vous allez écrire un roman qui décrochera un prix littéraire, ou composer une symphonie, vous espérez simplement passer l'heure suivante sans pleurer, sans avoir la nausée, ou sans vous recroqueviller de douleur. Tout se résume à l'instant présent et aux sensations de votre corps, et dans cet état-là, on n'est pas toujours apte à penser de façon claire.

Jane était une femme mariée, heureuse dans son couple et jeune mère de famille, quand sa moelle épinière fut touchée à la suite d'un accident de la route catastrophique qui la laissa dans un état de paralysie totale.

Juste après l'accident, j'avais encore l'espoir de pouvoir remarcher un jour. À supposer que ce soit envisageable, j'étais déterminée à y arriver en travaillant aussi dur que possible à ma rééducation, car les enfants ont besoin d'une mère qui soit active. Mais, à mesure que les semaines passaient, et que, de toute évidence, la situation ne s'améliorait pas, j'ai sombré dans la mélancolie. On m'a renvoyée chez moi vivre au sein de ma famille, avec des aides-soignants qui venaient effectuer les « sales boulots » touchant aux fonctions d'élimination et à la nourriture absorbée grâce à des cathéters. Je pouvais parler à mon mari et à mes enfants, et je pouvais les embrasser s'ils s'approchaient jusqu'à mes lèvres, mais c'était tout ce que je pouvais faire. Je ne pouvais pas jouer avec eux, préparer leurs repas ni les serrer dans mes bras.

J'ai compris, avec le temps, que le reste de ma vie allait se dérouler ainsi, et je me suis mise à réfléchir énormément. Si je mourais, mon époux pourrait se remarier et les enfants auraient quelqu'un qui serait pour eux une vraie mère – quelqu'un qui pourrait s'occuper d'eux, au lieu de la situation inverse. Je me sentais totalement inutile, je n'étais qu'un fardeau pour tout mon entourage. J'ai décidé que le geste le plus généreux que je puisse faire serait de me suicider. Le seul problème était de trouver comment y arriver en étant incapable de bouger. Il allait falloir persuader quelqu'un de m'aider, mais je ne voulais pas que les responsables aient des ennuis.

Cette nuit-là, j'ai prié pour que ma vie s'achève de manière paisible et pour que ma famille trouve le bonheur après mon départ. J'ai prié sincèrement, de tout mon cœur, de toute mon âme et j'ai supplié Dieu de me montrer un moyen d'y arriver. Une fois ma prière terminée, j'ai plongé dans un sommeil profond, comme je n'en avais pas connu de tel ces derniers temps et, à mon réveil, le lendemain matin, je me sentais moins déprimée. Les deux jours suivants, chaque fois que j'étais seule, je priais pour ma propre délivrance de mes souffrances et pour le bonheur de ma famille.

Depuis l'accident, j'avais souvent éprouvé des sensations dans mon corps paralysé, et les médecins me disaient que c'était une réaction très fréquente, car les terminaisons nerveuses ont une mémoire musculaire, mais qu'il ne fallait pas chercher plus loin. Cependant en me réveillant le matin du troisième jour, quelque chose d'incroyable s'était produit. J'étais convaincue que je sentais mes doigts. J'ai concentré mon esprit du mieux possible et, par la seule force de ma volonté, j'ai réussi à soulever de la couverture deux doigts de ma main droite.

Tout excitée, j'ai appelé mon mari et je lui ai fait la démonstration du mouvement. Il débordait de joie.

Le lendemain, j'arrivais à bouger tous les doigts de ma main droite, même si le geste n'était que de faible amplitude. Au bout d'une semaine, j'arrivais à soulever toute ma main et à agiter les doigts et, au bout d'un mois, j'avais retrouvé le plein usage de mon bras droit – ce qui était extraordinaire, car cela voulait dire que je pouvais serrer de nouveau mes enfants contre moi. Le bras gauche a pris un peu plus de temps, mais c'est en progrès, et dans l'intervalle, j'ai recommencé à agiter mes orteils. Je suis toujours en fauteuil roulant et encore en situation de dépendance à l'instant où je vous écris, mais j'attends avec impatience chaque jour qui se présente, car il apporte sans cesse une légère amélioration de mon état.

Je suis convaincue que les anges ont répondu à ma prière cette nuit-là, mais au lieu de me donner la capacité de me tuer, ils ont décidé qu'il vaudrait mieux, pour moi et ma famille que je vive. Je les en remercie chaque jour, et chaque fois que je bavarde avec mes enfants, que je les aide à faire leurs devoirs et que je les regarde jouer. Cela aurait été une erreur monumentale de les quitter, et je suis tellement heureuse que les anges m'aient aidée à en prendre conscience.

Il est essentiel de réaliser que nous ne savons pas toujours quelle est la meilleure voie, et que nos souhaits ne sont pas toujours ce qu'il y a de mieux pour nous et notre entourage. Les anges ont plus de recul, et leur vision se base sur les leçons que nous avons à apprendre de la vie. Ils prennent nos intérêts très à cœur. Cela peut paraître cruel pour ceux d'entre vous qui continuent à souffrir, malgré toutes les prières lancées du plus profond de votre être, mais il y a forcément une raison expliquant votre souffrance, derrière tout cela il y a forcément une finalité. Continuez à prier, et un jour vous saurez quelle est cette finalité en ce qui vous concerne.

Prévention santé

Outre l'aide qu'ils nous apportent en cas de maladie, les anges peuvent nous aider à rester en bonne santé quand nous risquons de mettre celle-ci en péril. J'ai souvent entendu des praticiens en médecines alternatives nous exhorter à « écouter notre corps ». Si l'on se sent fatigué, il faut se reposer. Si l'on a envie de boire du jus de carottes, c'est ce qu'il faut faire. Si l'on se sent raide, il faut faire des étirements. Voilà quelques exemples, parmi les plus simples qui me viennent à l'esprit ; le corps est un organisme complexe et sophistiqué, et nous recevons sans cesse des « messages instinctifs », beaucoup plus subtils, qui indiquent son degré de bon fonctionnement.

Une fois de plus, voici resurgir le mot d'« instinct » ! Comme vous le savez à présent, je crois que ce que nous considérons comme étant des « instincts » sont en fait des messages émanant de nos anges. Ils peuvent nous conseiller de ralentir le rythme, de manger plus sainement, de dire « non » à ce verre de vin supplémentaire, ou d'aller marcher en plein air. Si vous êtes malade, ils peuvent vous orienter, pour peu que vous les écoutiez, vers le meilleur type de nourriture ou de boisson. Et si une voix résonne dans votre tête et vous dit « non ! » quand un généraliste vous prescrit un traitement ou qu'un chirurgien recommande une opération, vous feriez peut-être bien de solliciter un deuxième avis.

Lorsque je reçois mes clients dans le cadre d'une séance, je repère souvent des problèmes de santé qu'ils ont déjà – ou qui les attendent. Si je crois pouvoir les aider à éviter la maladie, je leur donne toujours des conseils. Certaines personnes sont extrêmement reconnaissantes, tandis que d'autres n'ont pas envie de savoir.

Il y a une vingtaine d'années, j'ai reçu en consultation croisée deux frères assez célèbres dans le milieu du cinéma, l'un en tant que metteur en scène et l'autre en tant que producteur. Quand le second – le producteur – est venu me voir, il venait d'éteindre sa cigarette, et j'ai perçu la forte odeur de tabac qui imprégnait ses vêtements. Je déteste depuis toujours l'odeur de cigarette, mais j'ai poursuivi la séance. Avant qu'il parte, je lui ai dit : « Vous ne devez pas fumer une cigarette de plus, sinon cela risque d'être la dernière. Si vous voulez continuer à vivre, arrêtez tout de suite de fumer. »

Il eut un demi-sourire mais ne fit aucun commentaire. Je le regardai partir, et le vis allumer une nouvelle cigarette avant de disparaître au bout du couloir. « Quel imbécile ! », ai-je pensé. Il aurait pu être sauvé s'il avait tenu compte de mes avertissements.

J'ai rapporté à son frère – le metteur en scène – ce qui s'était passé. Il m'a répondu : « Nous sommes tous très inquiets à son sujet parce qu'il a du mal à respirer dès qu'il monte un escalier ou qu'il marche un peu. Cela fait longtemps que je le pousse à consulter, mais il refuse de voir un médecin. »

Je lui ai répondu ne pas avoir remarqué son essoufflement.

« Non, tout va bien quand il reste assis, mais dès qu'il doit bouger, il a un gros problème. »

Après le départ du metteur en scène, j'ai éprouvé un sentiment de malaise concernant son frère. Le message que m'avaient envoyé les anges était très catégorique – une cigarette de plus, et il mourrait – et je l'avais vu en allumer une dans le couloir, en sortant. Comme on pouvait s'y attendre, j'ai reçu un coup de fil le lendemain, m'annonçant que le producteur s'était effondré mort dans un salon de thé en bas de la rue, peu après notre entrevue.

Lorsque je sens, comme dans le cas cité, que les gens sont proches de la mort, je me demande toujours s'il y a encore quelque chose que je puisse faire pour eux. S'il s'agit de la première des deux échéances possibles prévues pour leur mort, il se pourrait qu'ils aient encore devant eux de nombreuses années à vivre, mais s'il s'agit de la seconde, alors de toute façon je ne pourrais rien faire. Je peux éventuellement alerter discrètement les proches, pour qu'ils fassent la paix avec l'intéressé et s'assurent que tout ce qu'ils avaient à dire a été dit, mais il existe dans le monde quantité de choses qui ne sont pas destinées à être révélées de manière anticipée, et je dois respecter cela.

Le problème de la drogue

L'addiction au tabac, aux drogues et à l'alcool altère nos perceptions, ce qui rend beaucoup plus difficile la transmission des messages de la part des anges. L'emprise, au niveau chimique et psychologique, de ces substances sur ceux qui en sont dépendants peut l'emporter sur tout le reste, avec des conséquences tragiques.

Il y a deux ans, j'ai reçu la visite d'un jeune homme âgé de vingt-trois ans. C'est sa mère, je crois, qui me l'avait envoyé car il avait un sérieux problème de cocaïne et elle espérait que je serais en mesure de l'aider. Dès que je me suis adressée aux anges, j'ai reçu un message vraiment très sévère.

« Si vous prenez ne serait-ce qu'*une ligne* de coke de plus dans votre vie, cela va vous tuer », lui ai-je dit. J'enregistre toujours les séances avec mes clients et je leur donne le CD, et je sais que ce jour-là le message antidrogue a été réitéré à plusieurs reprises sur ce CD, car j'avais continué à recevoir de sérieux avertissements de la part des anges pendant toute la durée de la séance.

Le jeune homme a vraiment pris peur ce jour-là et sa mère m'a appris qu'il avait immédiatement arrêté la cocaïne et toutes les autres drogues et avait commencé à faire le point sur son existence.

Deux ans après, il entamait une relation avec une nouvelle petite amie qui, sans qu'il le sache, consommait occasionnellement de la cocaïne. Un soir, alors qu'ils étaient invités à une soirée, elle en a pris et lui en a offert. « Vas-y, une ligne, c'est tout. Quel mal cela peut-il te faire ? »

Je suis sûre qu'il avait gardé en mémoire notre séance et mes avertissements, mais, au bout de deux ans, le souvenir des sensations que lui apportait la cocaïne est revenu en force dans son cerveau et il s'est laissé convaincre. Il a sniffé une ligne et quelques secondes plus tard, il s'est écroulé par terre, les mains crispées sur sa poitrine. Il est mort d'un grave malaise cardiaque avant l'arrivée de l'ambulance.

Après ses obsèques, sa mère m'a appelée. « Nous avons retrouvé le CD que vous aviez enregistré à son intention, m'a-t-elle dit, et l'avertissement que vous lui aviez donné était on ne peut plus clair – une ligne de plus le tuerait. Le fait que son addiction ait été plus forte que sa croyance en les anges est une vraie tragédie pour sa famille. »

Il a eu le choix – or, celui qu'il a fait équivalait presque à appuyer lui-même sur la touche « stop ». Il aura des leçons majeures à assimiler dans sa prochaine vie, avant de pouvoir progresser dans son évolution.

Allez chez le médecin !

Certaines personnes font quasiment partie du décor de la salle d'attente de leur médecin, tandis que d'autres restent des années sans y mettre les pieds. De nombreux symptômes qui nous affectent dans la vie quotidienne peuvent aisément être attribués à une cause identifiable : pour l'indigestion, un repas lourd et tardif ; pour l'épuisement, le fait de se coucher souvent très tard ; pour les crampes aux mollets, le port prolongé de chaussures à talons lors d'expéditions en ville. Mais nous connaissons tous le sentiment lancinant lié à un symptôme que nous ne parvenons pas à identifier. Si une voix dans votre tête vous dit : « Je devrais peut-être faire des examens », ne traînez pas. Il s'agit peut-être d'un problème mineur –, mais il se pourrait tout aussi bien qu'une série d'examens soit susceptible de vous sauver la vie.

Si vous quittez le cabinet du médecin avec un sentiment d'insatisfaction quant au diagnostic et au traitement prescrit, écoutez votre instinct et sollicitez un autre avis. Vous n'avez rien à perdre. Voici le témoignage d'une femme nommée Heather.

J'avais fait une mammographie juste après mon cinquantième anniversaire – et tout était normal. Environ une semaine plus tard, j'étais allongée dans mon lit, incapable de dormir, lorsque la voix de mon mari décédé a résonné dans ma tête, me disant : « Fais-toi faire une autre mammographie. »

Mon mari était un homme merveilleux, qui avait trouvé la mort plusieurs années auparavant dans un accident d'avion. Depuis, je lui parlais régulièrement et j'avais l'impression d'entendre ses réponses dans ma tête mais jamais je n'avais entendu sa voix de façon aussi claire. On aurait dit qu'il était là, dans la chambre, en train de répéter : « Va faire vérifier cela, va faire cet examen.

— Mais je viens juste de le faire, lui ai-je dit.

— Recommence. »

Le lendemain, j'ai décidé de suivre ses conseils, et je me suis rendue dans une clinique privée, où j'ai payé moi-même une autre mammographie. Et on a trouvé une petite tumeur à un stade précoce, dans le sein gauche.

J'avais le sentiment d'avoir les pleins pouvoirs quand je suis retournée chez mon généraliste pour réclamer un traitement, forte des résultats de la seconde mammographie. La tumeur était cancéreuse, mais elle a été prise à un stade si précoce qu'elle a pu être retirée avant que le cancer se propage, et j'ai pu conserver mon sein. Je n'ai pas eu besoin de chimiothérapie et je n'ai qu'une minuscule cicatrice pour unique témoignage de ce qui s'est passé.

J'ai eu le sentiment d'être très aimée et très protégée en constatant que mon mari continuait à veiller sur moi de l'autre côté de la tombe. Cela m'a aussi fait sourire, car il appréciait beaucoup mes seins, et c'est bien qu'il ait réussi à les sauver !

Je ne vise pas du tout à inspirer de la défiance à l'égard des instances médicales. Ils ont raison cent fois plus souvent qu'ils ne se trompent. Tout ce que je veux dire, c'est que les médecins travaillent beaucoup, sont soumis à une pression énorme liée à cette surcharge de travail, et qu'il nous incombe d'être responsables de notre propre santé. Cela signifie qu'il faut écouter les petites voix dans notre tête, prendre en compte les signes inhabituels, et agir chaque fois que nous avons des doutes : autrement dit, il faut écouter les anges !

Le septième enfant

Laura, qui est une de mes clientes, m'a parlé d'un miracle advenu dans les années 1950 à sa grand-mère française, Charlotte, après la naissance de son septième enfant.

Charlotte avait donné naissance à son septième enfant, chez elle à la maison, mais malheureusement l'enfant était mort-né en raison d'un cas de placenta previa, *où le placenta bloque l'entrée du col, rendant difficile le passage de l'enfant. Environ un mois après la naissance, elle se réveilla baignant dans une mare de sang et le médecin que l'on avait appelé à son chevet lui annonça qu'elle souffrait d'une gangrène étendue à l'ensemble de l'abdomen. La famille étant aisée, on fit immédiatement venir de Paris un spécialiste dont la conclusion fut que la chirurgie avait peu de chances de succès, et qu'il fallait préparer les six enfants à se voir annoncer la mort de leur mère.*

On transféra Charlotte à la clinique de la Vierge-Marie à Bourges. Malgré l'aggravation rapide de son état, elle parvint tout de même à manger une moitié d'hostie. Dans la clinique, tout le monde priait pour Charlotte et elle décida de se faire opérer, en dépit de son état de faiblesse et des avertissements quant à l'issue incertaine de l'intervention. Le chirurgien parisien constata à son grand étonnement, en ouvrant l'abdomen, que toute trace de gangrène avait disparu et que l'utérus de Charlotte était parfaitement sain.

Le miracle la changea du tout au tout. Auparavant, elle était trop occupée pour avoir le loisir de passer du temps avec ses enfants, mais elle prit alors conscience de certaines priorités dans la vie, elle devint une mère – et par la suite une grand-mère – dévouée. Elle était si reconnaissante d'avoir eu la vie sauve qu'elle dispensait amour et chance à tout son entourage. Elle vécut jusqu'à l'âge de quatre-vingt-neuf ans – et bien qu'étant alors aveugle et en fauteuil roulant, si on lui demandait comment elle allait, elle répondait avec un sourire radieux : « Vraiment bien. Et vous, comment ça va ? »

La prière a sauvé la vie de Charlotte et a donné à ses enfants une mère dont la bonté était sans pareille. Le sacrement de communion, et le soutien des prières de toute une communauté sont une manière de focaliser vos demandes à l'intention des anges, mais il en existe d'autres, ainsi que je l'explique ci-après.

Un réseau de prière

Au fil des ans, j'ai connu plusieurs alertes sévères concernant une de mes filles. Dans le chapitre 2, j'ai décrit le choc allergique grave, dû à l'Ibuprofène, qui avait frappé Tanya une nuit, et dont elle avait failli mourir. Nous avons récemment vécu un nouveau traumatisme après l'opération du bassin subie par Nicky.

Nicky était née par le siège – fesses en avant et jambes repliées vers le haut, ce qui avait causé une malformation du bassin. Autrement dit, elle avait une jambe plus courte que l'autre et le pelvis en déséquilibre, de sorte que le col du fémur se déboîtait, provoquant des douleurs intenses au niveau de la hanche. L'intervention requise était très lourde, elle impliquait de sectionner le bassin en trois points, puis de le réaligner et le rééquilibrer de façon normale. Six chirurgiens étaient à l'œuvre et Nicky est restée sept heures sur la table d'opération, tandis que nous attendions anxieusement les nouvelles.

Quand vous – ou un être aimé – êtes gravement malade, vous voulez que vos prières soient les plus efficaces possible. Pour ma part, voici ce que je fais : je contacte quatre ou cinq personnes aux quatre coins du monde – j'appelle cela mon réseau mondial de guérison – et je leur demande de prier. Ils font circuler le message et l'énergie de la prière me revient en provenance des quatre points cardinaux. Mais vous n'êtes pas obligé d'avoir recours à ce réseau. C'est juste l'une des nombreuses approches susceptibles d'avoir un effet. Si vous connaissez des guérisseurs, vous pouvez leur demander d'envoyer leurs ondes curatives. Si vous êtes croyant, entrez dans une église et priez, ou allumez un cierge. Même le fait de lancer des pièces dans une fontaine ou de confier un message à une bouteille peut aider, si votre démarche part d'une intention pure. Les gestes physiques sont susceptibles d'agir plus efficacement que des souhaits passifs qui restent cantonnés à l'intérieur de notre tête. Quand nous prions de la sorte, notre prière est parfaitement ciblée.

Donc, mon réseau de guérison était en train de prier pour Nicky ce jour-là, alors que j'attendais de savoir comment s'était passée l'intervention, mais la première nouvelle fut d'apprendre qu'elle avait perdu cinq litres de sang sur la table d'opération et qu'elle était dans un état critique. Sa vie ne tenait qu'à un fil. J'avais l'impression d'avoir reçu un coup de poing dans l'estomac mais je me suis efforcée de donner le change et d'être forte pour le reste de la famille, qui attendait aussi, dans un état d'angoisse identique. Mark, le mari de Nicky, n'a faibli à aucun moment, il est resté constamment positif, mais cette expérience a changé sa conception de la situation. Je crois qu'il a prié de tout son cœur et de toute son âme. C'est une famille si aimante !

Quand j'ai finalement été autorisée à la voir, je suis entrée dans la salle de réveil, et j'y ai vu ma maman, debout près du lit de Nicky, en compagnie de quelques autres anges. À mon arrivée, elle a levé les yeux vers moi et m'a souri, puis elle a de nouveau tourné son regard sur Nicky, et j'ai su à ce moment-là que ma fille vivrait.

« Merci, maman. Merci à vous tous », ai-je dit, des larmes plein les yeux.

Pourtant, je m'inquiétais encore. Au fond de moi, je savais qu'elle s'en sortirait, mais mon cœur angoissé a continué de battre la chamade jusqu'à ce que les médecins, au bout de quarante-huit heures, nous annoncent qu'elle était tirée d'affaire et que tout danger immédiat était écarté.

Quand Nicky a repris connaissance, elle a dit qu'elle avait le souvenir d'avoir vu sa grand-mère et des anges en train de la réconforter. Ils sont toujours auprès d'elle à l'heure actuelle, où elle affronte le long processus de convalescence puis de rééducation douloureuse qui, nous l'espérons, lui permettra de marcher normalement d'ici six ou huit mois.

Tout cela s'est produit au moment même où je rédigeais le présent ouvrage. Comme vous pouvez l'imaginer, cette période a représenté pour moi un énorme défi à relever, mais cela m'a aussi confortée dans l'idée qu'il est essentiel d'expliquer aux gens comment les anges peuvent aider ceux qu'ils aiment et les aider eux-mêmes, et comment on peut soi-même solliciter cette aide.

8

DES MIRACLES EN PROVENANCE DE L'AU-DELÀ

Les interventions des anges sont parfois si subtiles qu'il est difficile de convaincre de leur réalité les plus sceptiques de nos amis. La voix qui a résonné dans votre tête peut facilement être disqualifiée comme relevant d'un « effet trop vif de l'imagination », ou niée au nom du « bon sens ». On aurait échappé à cet accident de voiture en raison d'un « heureux hasard de synchronisation » ou d'une « pure coïncidence ». Les scientifiques avanceront l'argument selon lequel le « fort sentiment » que vous avez éprouvé était fondé sur toutes sortes d'indices subliminaux enregistrés par vous à ce moment-là. Vous n'en pensez pas moins, bien sûr, mais il est frustrant de ne pas être cru.

Les histoires rassemblées dans ce dernier chapitre sont parmi les plus extraordinaires jamais rencontrées au cours de toutes mes années de travail sur le monde des esprits. Il n'existe aucune méthode scientifique susceptible d'expliquer les événements ici relatés. Quel que soit notre système de croyance, il faut admettre que, dans chacun de ces cas, quelque chose – qui dépasse notre entendement – est intervenu pour sauver la situation. Les tenants des diverses fois et religions ont leur terminologie propre pour désigner les « anges », mais quel que soit le nom qu'on leur donne, il ne fait aucun doute, dans toutes ces histoires, qu'une force – de l'ordre de l'esprit ou de l'énergie – est intervenue pour aider des êtres en danger de mort. Sans cette aide, ils ne seraient plus de ce monde.

Temps d'orage

L'une des histoires les plus étranges auxquelles j'aie été confrontée me rappelle les vieilles légendes de marins, dans lesquelles un bateau échappe miraculeusement au naufrage. L'Histoire a classé sous la rubrique « contes de fées » ces récits – où des sirènes sauvent des marins de la noyade après un naufrage et les ramènent au rivage. Mais peut-être ne s'agissait-il pas de contes de fées. Peut-être les marins avaient-ils été, comme dans le récit suivant que je tiens d'un certain Robert, sauvés par des anges.

Mon bateau était à l'ancre à Poole, dans le Dorset, et je faisais souvent des sorties en solitaire dans cette partie de la Manche, je connaissais donc fort bien la zone. La météo prévoyait un temps calme, j'ai alors sorti le bateau et franchi les Aiguilles à l'ouest de l'île de Wight pour gagner la pleine mer. Le vent a soudain forci, et c'était très grisant. J'étais dans mon élément, mais en même temps j'ai réalisé qu'il valait mieux faire voile vers la terre la plus proche pour le cas où le vent gagnerait en force. J'ai regardé ma montre – il était 14h30 – et j'ai commencé à préparer les voiles, mais le grain est venu si vite et avec une telle force que je n'ai même pas eu le temps de virer de bord. Une immense vague a déferlé sur moi, le mât s'est brisé net et c'est la dernière chose dont je me souvienne – jusqu'à mon réveil sur une plage de sable.

Je me suis assis et j'ai senti, en me palpant la tête, une énorme bosse. Le sang coulait d'une blessure sur mon front. J'étais allongé dans la coque du bateau, mais pas de trace du mât ni des voiles. Je suppose que le mât m'avait heurté la tête en se brisant, et sous le choc j'avais sans doute perdu connaissance, mais par une incroyable chance, je n'étais pas tombé par-dessus bord... C'est alors que j'ai aperçu sur le flanc du bateau un trou béant. Comment diable avais-je pu regagner la terre ferme sans couler ?

C'est alors que m'est immédiatement revenue en mémoire une voix calme s'adressant à moi au plus fort de l'orage. Elle disait : « Ton heure n'est pas venue. Tu as encore beaucoup à apporter au monde. » Je n'ai pas identifié la voix, mais c'était une voix d'homme et j'ai réalisé qu'elle me parlait comme dans un rêve, tandis que je gisais là, inconscient. Je ne suis pas croyant, mais cette expérience avait une tonalité très étrange, très spirituelle.

Dès que je me suis senti mieux, je me suis relevé et j'ai remonté la plage jusqu'à ce que je croise une route. J'ai fait signe à une voiture de s'arrêter et j'ai demandé au conducteur où je me trouvais.

Quand il me l'a dit, je n'en croyais pas mes oreilles. J'avais dérivé à des kilomètres à l'ouest de la zone où je naviguais au départ. J'étais resté inconscient des éternités ! Je vérifiai l'heure à ma montre – il n'était que 15h05, trente-cinq minutes après le déclenchement de l'orage. Ma montre s'était-elle arrêtée ? Vérification faite, la montre de l'automobiliste indiquait la même heure.

Plus tard, une fois de retour à la maison, j'ai épluché mes cartes marines. Il aurait fallu au moins une heure et demie pour atteindre la plage où j'avais échoué, même avec des vents et une marée favorables – comment avais-je donc fait pour y arriver si vite ? J'avais eu énormément de chance de ne pas avoir été précipité sur des rochers (car la côte du Dorset est principalement rocheuse), ou emporté plus loin au large vers l'Atlantique. Et le trafic maritime sur la Manche est si intense que c'est un miracle que je n'aie pas été heurté par un des gros ferries qui font la navette, ou par des supertankers qui suivent les rails de navigation imposés.

J'ai repensé à la voix que j'avais entendue et je me suis dit que la seule explication était que ce jour-là un ange gardien avait veillé sur moi. J'ai également compris qu'il devait y avoir de bonnes raisons à ce sauvetage et je me suis mis à reconsidérer ma vie et à essayer de découvrir ce que je suis censé faire ici-bas. Cette expérience m'a changé et m'a fait voir le monde autrement.

Robert est venu me voir dans le cadre de la quête visant à lui faire découvrir la finalité de son existence. Il avait un très bon poste d'enseignant dans une filière d'ingénierie et de design à l'université, mais il s'est rendu compte qu'il aspirait à plus de générosité envers le monde. Il suit actuellement une formation de conseiller et a prévu de travailler comme bénévole outre-mer, et d'apporter aide et réconfort aux populations vivant dans des zones de guerre. Il est convaincu que ce n'est pas sans raison que l'ange est intervenu pour lui sauver la vie ce jour-là – et j'ai la même conviction.

Miracle en montagne

Tim adore la montagne depuis son enfance, époque ou son père l'emmenait faire de longues promenades aux alentours de leur maison dans les Highlands (les Hautes-Terres) d'Écosse. En entrant à l'université, il s'est inscrit au club d'alpinisme et s'est offert l'équipement adéquat pour se lancer dans de véritables escalades, tant dans les fameux Munros d'Écosse que dans les Alpes. Il m'a dit à quel point il aimait l'altitude, sa clarté, la pureté de l'air, le panorama qui s'ouvre sur des kilomètres dans toutes les directions, et le sentiment d'intense satisfaction quand on atteint le sommet après des heures d'efforts exténuants. Il était pleinement conscient des dangers encourus et observait toujours toutes les mesures de sécurité lorsqu'il faisait de l'alpinisme. Mais quand on est aux prises avec les éléments naturels, les accidents font forcément partie du décor, et ce jour-là Tim a évité le pire de justesse.

Par une journée d'été idéale, un ami et moi avions décidé d'escalader un sommet magnifique dans la région de Torridon. Nous avons opté pour la voie rocheuse qui enjambe les surplombs de cette montagne. Mon ami se trouvait à plusieurs mètres en contrebas quand soudain le rocher sur lequel je me tenais debout s'est détaché – et j'ai dévissé. Au-dessous de moi s'ouvrait le vide et je me souviens m'être dit à ce moment-là : « Cette fois, ça y est. Je vais mourir »

On aurait dit que la chute s'effectuait au ralenti. J'avais toujours cru que si je tombais, il ne faudrait qu'une fraction de seconde avant que je m'écrase sur les rochers, et que je n'aurais le temps de penser à rien, mais cette dégringolade semblait interminable, comme si j'étais en quelque sorte soutenu dans ma chute. Je voyais défiler sous mes yeux la surface rocheuse, je voyais les nuages blancs et floconneux dans le ciel bleu au-dessus de moi, et au lieu de m'écraser au sol, j'ai atterri sur une corniche que je n'avais pas remarquée auparavant. Bizarrement, il n'y a pas eu d'impact. On aurait dit qu'une main de géant m'avait doucement posé là.

Je levai les yeux en direction de mon ami, qui se trouvait au moins dix mètres plus haut par rapport à moi, et j'ai compris qu'après avoir dévalé une telle distance, j'aurais dû au moins avoir quelques fractures. La corniche était étroite, mais j'ai réussi à me mettre debout, sans aucune sensation douloureuse ni au niveau du dos ni au niveau du bassin. J'étais un peu sonné, je me suis donc assis, mais à part cela, j'allais bien.

« Tu vas bien ? Est-ce qu'il faut que je demande de l'aide ? hurlait mon ami.

— Non, ça va bien, ai-je crié en réponse. Ne descends pas. C'est moi qui monte te rejoindre.

— Tu es sûr ? a-t-il demandé, incrédule. Tu n'as vraiment pas besoin d'aide ? »

Nous n'avons commenté l'événement qu'à notre retour d'escalade.

« C'était très bizarre, m'a dit mon ami, tu avais l'air de tomber tellement au ralenti ! Et c'est une chance inimaginable que cette corniche se soit trouvée là. Je ne me souviens pas l'avoir

remarquée en montant, mais, incontestablement, c'est elle qui t'a sauvé la vie. »

Je n'ai pas voulu lui faire part de mon sentiment intime. En fait, j'ai eu les plus grandes difficultés à en parler à qui que ce soit, pour éviter que l'on pense que j'exagérais, ou que j'étais un peu fêlé, mais je garde un souvenir très clair de la chute et je suis convaincu que quelque chose ou quelqu'un a soutenu mon corps pendant toute la chute et m'a littéralement posé sur cette corniche, m'évitant ainsi tout risque de blessure grave. Quand je me suis déshabillé ce soir-là, je n'avais pas la moindre égratignure, pas le moindre bleu. Avant ces événements, je ne croyais pas aux anges, à présent j'y crois.

Cette chute ne m'a pas empêché de continuer à faire de l'alpinisme, mais je prends plus de précautions en cas de grand vide abrupt en contrebas. Je ne peux pas compter chaque fois sur les anges pour venir à mon secours !

Tim a raison : il incombe à chacun d'entre nous de prendre en charge sa propre sécurité. Quels que soient les appels à l'aide que vous lancez aux anges, si vous mettez sans cesse votre vie en danger, vous finirez par en pâtir. Je ne crois pas que les anges aient voulu dire à Tim de ne plus faire d'alpinisme, car de toute évidence l'escalade est pour lui une chose d'une grande beauté, et il aborde cette activité d'une façon très spirituelle, mais on lui a rappelé qu'il ne fallait pas se surévaluer.

Terreur sous les eaux

Dans de nombreuses activités sportives, on fait confiance à une personne extérieure – par exemple, un guide qui vous initie au rafting en eaux vives, ou le moniteur qui effectue avec vous le premier saut en parachute. Dans les situations où vous mettez votre vie entre les mains d'un autre, avant de commencer, soyez très attentif à ce que vous dit votre instinct concernant cette personne. Demandez aux anges si c'est une bonne idée. Catherine regrette de ne pas s'être donné le temps de la réflexion au cours de ses vacances, cet été-là.

Un de mes amis proches a un frère, Gary, qui est un grand amateur de plongée sous-marine et, au cours de nos vacances en Cornouailles, il nous a tous persuadés d'essayer. Il a un diplôme de moniteur de plongée et nous a dit qu'un de ses copains pouvait nous prêter le matériel.

Au début, j'avais quelques appréhensions. Mais Gary est un type adorable et, même si Adam (mon ami) ne m'avait rien dit de son autre copain, les deux garçons semblaient raisonnablement fiables et tout le monde était d'accord pour mettre le projet à exécution.

Ma sœur a plongé la première et elle est revenue tout excitée, expliquant que les fonds étaient d'une beauté incroyable, avec tous ces poissons et ces paysages rocheux magnifiques. J'en ai conclu que ce serait stupide d'hésiter. Pourquoi ne pas essayer ? J'ai enfilé la combinaison qu'elle venait d'ôter, fixé les bouteilles sur mon dos, placé l'embout du tuyau dans ma bouche, et Gary m'a emmenée dans l'eau.

À cet endroit de la côte, il y a un à-pic brutal et j'ai très vite eu la sensation que nous étions descendus très loin de la surface. Le monde sous-marin était fantastique, exactement comme l'avait dit ma sœur, avec tous ces poissons d'argent qui filaient dans toutes les directions. Gary était toujours à mes côtés, je me sentais donc en parfaite sécurité. Après environ dix minutes, il me fit signe qu'il fallait remonter, et je me retournai pour le suivre quand tout à coup un courant a commencé à m'attirer vers le large. L'eau était de plus en plus sombre, je savais que je m'enfonçais de plus en plus profond, et c'est alors que je me suis rendu compte avec horreur que je ne parvenais plus à respirer par l'embout. L'oxygène n'arrivait plus. J'ai cherché à reprendre souffle à une ou deux reprises avant que la panique s'installe.

« Je vous en prie, mon Dieu, faites que je ne meure pas ! ai-je crié mentalement. Aidez-moi ! »

J'ai entendu les mots : « Nage vers la surface », et c'est ce que j'ai fait. La lumière semblait être à des kilomètres de distance et je ne pensais pas y arriver, et c'est alors que j'ai eu la sensation que des mains s'emparaient de mon corps et me tiraient vers le haut. Quand ma tête a émergé à la surface, j'ai respiré, comme jamais auparavant, une fois, deux fois, et ainsi de suite, jusqu'au plus profond de mes poumons endoloris, puis j'ai constaté, en regardant autour de moi, que je m'étais beaucoup éloignée de mes amis. Ils étaient là-bas au loin, nageant dans ma direction en faisant de grands signes, visiblement conscients qu'il s'était passé quelque chose d'anormal. Je me suis mise à faire la planche pour récupérer mes forces, tout en remerciant les anges de m'avoir sauvé la vie, jusqu'à ce qu'ils me rejoignent.

De retour sur le rivage, Gary a examiné mon matériel pour voir ce qui n'avait pas fonctionné, et il a très vite élucidé le problème. Un trou dans le tuyau d'oxygène avait été réparé avec de l'adhésif qui s'était décollé quand le courant m'a entraînée.

Je remercie Dieu pour l'intervention des anges qui m'ont sauvé la vie. J'étais en grand danger, désespérée à l'idée de mourir, quand ils sont venus vers moi à ma demande.

Il est intéressant de noter que Catherine a eu une appréhension avant d'entrer dans l'eau. Je crois qu'un ange essayait de la prévenir du danger, mais elle a laissé l'excitation prendre le pas sur ses peurs. C'est difficile de jouer les rabat-joie quand tout le monde s'amuse, mais la prochaine fois, elle y réfléchira sans doute à deux fois.

Seul dans les airs

Ce doit être une sensation fantastique que d'être seul aux commandes d'un petit avion – de foncer à travers le ciel en ayant au-dessus et au-dessous de soi l'immensité de l'espace. Mais si les choses tournent mal, cela peut faire très peur. Pete était un pilote expérimenté, qui possédait son propre avion, et il se rendait souvent, à partir du terrain d'aviation de Biggin Hill au sud de Londres, dans le nord de la France, au Touquet, pour y déjeuner ou y passer la journée. Voici ce qui lui est arrivé un beau jour – un jour qu'il n'oubliera jamais de sa vie.

Je rentrais en Angleterre en survolant la Manche, et l'embouchure de la Tamise venait d'entrer dans mon champ de vision, quand les mots « Fort coup de vent » m'ont traversé la tête. La voix était si nette que j'ai cru qu'il s'agissait des contrôleurs aériens et je les ai contactés par radio.

« Vous m'avez contacté pour m'avertir de fortes rafales de vent ? ai-je demandé en leur indiquant mon plan de vol.

— Non, il n'y a aucune prévision de coups de vent. »

Ils m'ont dit que mon trajet jusqu'à Biggin Hill cet après-midi-là serait en principe sans nuages et sans encombres.

Je volais à basse altitude, beaucoup plus bas que les avions des lignes commerciales, et le ciel était effectivement clair et dégagé, le pilotage fluide, et il n'y avait aucune raison de penser que les choses puissent mal tourner.

Environ trois minutes plus tard, la voix est revenue, disant simplement : « Fort coup de vent. » Elle était aussi distincte que s'il y avait eu quelqu'un derrière moi dans le cockpit. Je me suis même retourné pour vérifier, mais, bien sûr, il n'y avait personne.

Il peut y avoir des vents imprévisibles, comme venus de nulle part, apparaissant y compris par temps très clair – la chose n'est pas absolument impossible –, j'ai donc décidé de descendre un petit peu. Juste au moment où j'amorçais ma descente, un violent vent arrière a frappé l'appareil de manière si brutale que l'avion a viré à 180 degrés, et je me suis retrouvé dans la direction opposée à celle que je suivais jusque-là. Au cours de toutes mes années de vol, jamais chose pareille ne m'était arrivée. J'ai dû m'agripper aux commandes pour redresser l'appareil, l'adrénaline coulait à flots dans mes veines, et la sueur sur mon front.

Dès que j'ai pu, j'ai contacté la tour de contrôle pour leur dire ce qui venait de se passer. « Nous n'avons reçu aucun rapport concernant des coups de vent inattendus dans cette zone », m'ont-ils dit avant de me donner de nouvelles instructions pour l'atterrissage.

J'ai vérifié les instruments de bord, et c'est là que je suis resté pétrifié de peur : les compteurs étaient complètement détraqués. Ils indiquaient une altitude extrêmement élevée – ce qui était impossible ; ils indiquaient aussi une forte inclinaison de l'appareil du côté droit – or je pouvais constater, en me repérant sur la ligne d'horizon, qu'il n'en était rien. J'ai cogné sur le panneau de commande, et les aiguilles ont bougé, mais n'ont pas rectifié l'erreur. J'allais devoir atterrir à vue.

À un certain moment, la panique m'a envahi et j'ai envisagé de boucler mon parachute et de sauter. Mais l'estuaire de la Tamise est une zone d'intense trafic, et même en dirigeant l'appareil vers des zones dégagées, je risquais de faire des victimes au sol.

« Atterrissage sans problèmes », a alors dit la voix dans ma tête, et j'ai soudain aperçu au loin le terrain d'aviation.

J'ai repris contact avec les contrôleurs pour leur dire que je volais sans instruments mais que je suivais les repères visuels sur la piste. Ils voulaient que je fasse demi-tour et que j'aborde le terrain sous un autre angle, car un vent de travers venait soudain de se lever, mais en essayant d'exécuter le virage, je me suis aperçu que le levier de commandes ne répondait plus. Quelque chose avait dû être endommagé quand le vent arrière m'avait fait pivoter.

« Manœuvre impossible, atterrissage immédiat », leur ai-je dit. J'allais devoir incliner l'appareil à la dernière minute, car lorsque l'on atterrit par vent de travers, il faut se poser d'abord en équilibre sur une roue au lieu d'essayer d'atterrir

sur les deux roues en même temps. Ce qui, sans l'aide d'instruments, allait être extrêmement délicat. Il suffisait de viser un peu trop loin pour que je capote en touchant le sol.

Mais à ce moment-là, le vent a de nouveau tourné, si bien qu'au lieu d'atterrir par vent de travers, je volais face au vent, ce qui est beaucoup plus facile. Et pendant tout ce temps, la voix mystérieuse me disait de piquer, ou de réduire les gaz – et ainsi de suite. J'ai fini par atterrir et m'arrêter en douceur à l'entrée du hangar, et j'ai alors enfoui mon visage dans mes mains, en tremblant comme une feuille.

Une fois sorti de l'avion, j'ai failli tomber à la renverse en constatant l'état dans lequel il se trouvait. Les dégâts mécaniques subis au niveau de la queue étaient tels que le maintien en vol de l'appareil aurait dû être impossible – à plus forte raison l'atterrissage ! Je suis ingénieur de profession, et selon toutes les lois de la physique telles que je les comprends, cet avion aurait normalement dû être incontrôlable. J'ai toujours été quelqu'un de très carré, peu enclin à l'imagination, mais je sais avec certitude qu'il s'est passé ce jour-là dans le ciel ce quelque chose qui échappe à toute explication d'ordre scientifique.

La femme de Pete, qui vient régulièrement me consulter, est très croyante, et lors d'une séance postérieure à ces événements, elle m'a raconté comment son époux avait échappé de justesse à la mort. Nous avons conclu d'un commun accord que les anges étaient intervenus ce jour-là. Je lui ai demandé si cela dissuaderait Pete de voler à l'avenir.

« Mais bien sûr que non, a-t-elle dit en riant. Il adore cet avion. Rien ne pourrait l'empêcher de voler. »

J'espère simplement qu'il ne va pas commencer à se croire invincible et à penser que les anges vont veiller sur lui chaque fois, car ce n'est pas ainsi que les choses se passent. Mais il aura été prévenu.

Une bombe au bord de la route

En temps de guerre, la mort rôde, à chaque carrefour – littéralement. Les soldats doivent être en permanence sur le qui-vive et garder tous leurs sens en éveil pour anticiper le danger et y réagir à temps. John était en poste à Bassorah pendant la guerre d'Irak, dans les tout premiers jours après l'invasion. Lui et ses coéquipiers devaient effectuer des patrouilles régulières à bord de leurs blindés, à la recherche d'insurgés, et c'était toujours un moment de la journée particulièrement tendu.

Nous avancions à grand fracas dans une zone de Bassorah relativement sûre, et mes compagnons et moi racontions des blagues pour relâcher la tension quand j'ai soudain entendu une voix dans ma tête dire : « Arrêtez ! » La voix avait la clarté du cristal.

« Mais pourquoi ? », ai-je dit à haute voix.

Mes compagnons ont échangé des regards interrogatifs.

« Mais pourquoi quoi ? Que veux-tu dire ?

— Qui a dit : "Arrêtez !" ? », leur ai-je demandé, mais ils ont tous dit que ce n'était pas eux, j'ai donc conclu à un effet de mon imagination.

Ces véhicules blindés sont très bruyants, et les sons venant de l'extérieur peuvent nous parvenir déformés.

Nous avons poursuivi notre route, puis de nouveau la voix a dit : « Arrêtez tout de suite ! » et elle était si nette et si péremptoire que j'ai immédiatement dit à notre chauffeur d'arrêter, ce qu'il a fait.

« Qu'est-ce qui se passe ? m'ont-ils demandé à l'unisson. Pourquoi s'arrête-t-on ? »

J'étais dans l'incapacité de leur fournir la moindre explication, et pourtant on aurait dit que je savais qu'il ne fallait pas aller plus loin à ce moment-là. Mais comment expliquer cette voix ?

« Et si nous sortions jeter un coup d'œil ? », ai-je suggéré.

Les types disaient en plaisantant que j'avais perdu la boule, mais nous avons ouvert le hayon, scruté les alentours avec soin, et trois d'entre nous sont sortis du véhicule. Tandis que nous étions là à observer le terrain, un autre véhicule blindé nous a doublés et a continué sur la route où nous venions de faire halte. Nous avons inspecté une petite voie secondaire, puis l'arrière d'une vieille cabane, et au moment de rejoindre notre véhicule, nous avons vu, plus loin sur la route, une grande lueur accompagnée d'une explosion et suivie d'une traînée de fumée.

Nous avons sauté à bord du blindé et gagné à toute allure le lieu de l'explosion, et c'est là que nous avons constaté que le véhicule qui nous avait doublés à peine une minute auparavant avait été réduit en miettes par une bombe posée au bord de la route. Tous les occupants du véhicule avaient péri.

Ma première réaction fut un sentiment d'intense culpabilité. Si je n'avais pas entendu cette voix, c'est nous que la bombe aurait tués. J'avais presque l'impression que ces hommes étaient morts par ma faute. Le soir dans mon lit, je me repassais inlassablement le film des événements, me demandant si j'aurais pu agir autrement. Aurais-je dû faire signe à l'autre tank de s'arrêter aussi, simplement parce que j'avais entendu une voix intérieure me parler ? M'auraient-ils écouté ?

Quelques jours plus tard, dans la soirée, alors que je ruminais les mêmes pensées douloureuses pour la énième fois, mon grand-père m'est apparu. Il était mort huit ans auparavant, je savais qu'il ne pouvait s'agir que d'un esprit, pourtant on aurait dit qu'il était là devant moi en chair et en os, comme autrefois, avec son doux sourire.

« Il y a un temps pour vivre et un temps pour mourir, m'a-t-il dit. Dans ton cas, pour l'instant, c'est le temps de vivre. » Puis il a disparu avant même que je puisse lui répondre.

J'ai énormément réfléchi depuis. Jusqu'alors je n'étais pas très religieux, pourtant j'ai su instinctivement que c'était un ange qui nous avait sauvés ce jour-là, et à partir de là je me suis mis à demander aux anges de nous protéger chaque fois que nous sortions en patrouille. Au fil des mois, toute mon attitude concernant la guerre a changé. Je me suis rendu compte qu'il était difficile de démêler les fils du conflit et des massacres perpétrés de toutes parts, et je suis arrivé à la conviction que la guerre ne résout jamais rien. L'important, dans la vie, c'est d'être le meilleur individu possible – « On récolte ce qu'on sème » – et de ne pas vivre dans le passé, mais d'être tourné vers l'avenir, tout en étant reconnaissant de tout ce que nous avons.

Je suis à présent rentré d'Irak, et plein de gratitude envers ces protecteurs invisibles qui ont veillé sur moi là-bas. J'ai traversé d'autres moments d'extrême danger au cours de mon séjour dans l'armée, mais je m'en suis sorti sans faire usage de mes compétences militaires. Tout cela grâce à ce jour où j'ai su avec certitude que des anges veillaient sur moi. Pour moi – et pour les autres jeunes à bord de mon blindé –, c'était un authentique miracle.

Au fil des siècles, des centaines de soldats de retour du front ont fait état d'interventions miraculeuses ayant sauvé des vies d'une manière qui leur paraissait inexplicable. Certains ont dit avoir vu des anges, ou avoir entendu des voix, d'autres ont simplement été abasourdis de trouver une issue qui, sur le moment, paraissait inenvisageable mais qui s'est pourtant révélée possible.

En août 1914, lors d'un des premiers engagements majeurs de la Première Guerre mondiale, un corps expéditionnaire britannique se heurta à plusieurs bataillons allemands, à Mons. Leur infériorité numérique – tant en hommes qu'en armes – était très nette, et ils ont été vite mis en difficulté. Malgré le nombre important de victimes, les soldats britanniques réussirent à tenir les Allemands en respect pendant plusieurs jours, le temps d'effectuer un repli en lieu sûr, et un bruit commença à courir selon lequel ils avaient été aidés par des anges. Certains ont écrit qu'ils avaient vu une file d'êtres lumineux entre les deux camps adverses, d'autres avaient vu des formes nimbées d'une lueur, mais tous les témoignages, émanant de soldats qui ne se connaissaient pas, présentaient des similitudes frappantes. Bien sûr, dès leur publication dans la presse, ces récits donnèrent lieu à une immense controverse, et les experts les attaquèrent en force afin de les discréditer, les ramenant au rang d'« hallucinations ». Mais les histoires tournant autour des anges de Mons ont continué à se propager, suscitant un énorme bond dans le nombre des enrôlements au sein de l'armée britannique, car tout le monde pensait que Dieu était de toute évidence du côté des Anglais !

Bien entendu, les anges n'ont aucune attitude partisane de ce genre, et sur le champ de bataille, ils ne peuvent pas sauver tout le monde. Ce n'est pas ainsi que les choses fonctionnent. Mais si mon fils avait choisi de servir dans l'armée, je sais que je prierais quotidiennement les anges de veiller à sa sécurité.

Trouvés dans les décombres

Pendant la Seconde Guerre mondiale, les civils ont subi d'énormes pertes, en raison du bombardement des villes, tant en Grande-Bretagne qu'en Allemagne. Il existe d'innombrables récits de sauvetages miraculeux, où les gens sont sortis indemnes de bâtiments en train de s'effondrer – et aussi d'actes de bravoure extraordinaires. Le hasard m'a permis de faire la connaissance d'un homme, prénommé Simon, qui travaillait à Londres dans le cadre de la défense passive, et dont l'activité consistait à fouiller les bâtiments en ruine après les raids aériens, et à porter secours aux blessés. C'était un travail extrêmement dangereux, car les bâtiments pouvaient être en flammes, ou fortement ébranlés dans leurs structures mêmes, mais Simon n'avait pas été reconnu apte au service actif, et il estimait que c'était la moindre des choses que de participer ainsi à l'effort de guerre. Voici ce qu'il m'a raconté à propos de la rencontre qu'il fit un soir.

Nous étions en train d'inspecter une rue, où plusieurs bâtiments avaient été pratiquement réduits à l'état de décombres. Une maison, présentant un trou béant sur un côté, penchait de manière inquiétante.

« Et celle-là, on l'a inspectée ? demandai-je à mon collègue (qui était aussi mon supérieur).

— Oui, rien à signaler », répondit-il.

Je fus tout à coup saisi d'un désir irrépressible d'aller vérifier par moi-même. Sans pouvoir me l'expliquer, j'étais incapable de faire un pas de plus.

« Est-ce que je peux revérifier ? », lui demandai-je.

Il parut surpris mais, après quelques instants d'hésitation, accepta, en me disant de ne pas perdre de temps.

Je grimpai l'escalier avec précaution, attentif au fracas des craquements qui faisaient trembler le bâtiment, et je reniflais l'air, à l'affût d'une fuite de gaz. Je jetai un coup d'œil dans la chambre du devant, où tout un mur manquait, puis je me dirigeai vers la chambre de derrière, mais je n'y trouvai personne. Je fis demi-tour pour redescendre, et c'est là que j'entendis une voix puissante résonner dans ma tête : « Sous le lit. » La voix répéta sur un ton d'urgence : « Sous le lit. »

Il y avait là un lit, retourné contre le mur et couvert de décombres. Je ne pensais pas qu'il puisse y avoir qui ce soit sous le lit, mais j'ôtai tout de même quelques lourdes pierres et soulevai le matelas – et c'est alors que je me retrouvai face au pitoyable spectacle de deux petits enfants serrés dans les bras l'un de l'autre, et de toute ma vie jamais je n'oublierai l'expression de terreur absolue de leurs regards. Je les revois encore. Il y avait du sang partout et ils gémissaient doucement comme des animaux terrifiés.

Je les soulevai avec précaution et je m'aperçus que le bras de la petite fille était quasiment sectionné au niveau du coude et saignait abondamment. Il me fallait de l'aide – et immédiatement. Je demandai au petit garçon d'attendre, lui disant que j'allais revenir tout de suite, je dévalai les marches en tenant la petite fille dans mes bras, et je courus jusqu'au bout de la rue pour la confier aux ambulanciers dont je savais qu'ils étaient là, en attente. Elle avait perdu beaucoup de sang, mais j'ai appris plus tard qu'elle avait été sauvée.

Quand je suis revenu chercher son frère, il m'a dit que leurs parents étaient sortis et que c'est leur tante qui les gardait ce soir-là. Je suis redescendu au rez-de-chaussée, à la recherche de la tante dont j'ai retrouvé le corps dans la cuisine, où elle avait été tuée par la chute des gravats. Voilà pourquoi les enfants étaient seuls. Dans la soirée, j'ai fini par localiser les parents et réunir la famille en les aiguillant sur l'hôpital où se trouvait leur fille.

J'ignore jusqu'à ce jour ce qui m'a poussé à regarder sous le lit. J'ai souvent réfléchi depuis et la seule conclusion à laquelle je sois parvenu est que l'ange gardien des enfants m'a parlé ce jour-là. Au cours de mes recherches dans les bâtiments bombardés, j'ai écouté toutes les voix qui ont résonné dans ma tête, et elles m'ont toujours donné des renseignements utiles.

Je crois que de nombreux responsables affectés aux services d'urgence sont tellement habitués à entendre ces voix intérieures qu'ils n'y réfléchissent même plus. Ils doivent prendre des décisions rapides dans des situations dangereuses, ils font donc la première chose qui leur vient à l'esprit. S'ils analysent la situation après coup, ils peuvent expliquer leurs réactions comme autant de « réflexes professionnels » – mais à mon avis les anges sont aux côtés de ces êtres courageux tout au long de leurs activités. Les pompiers, les ambulanciers, les gardes-côtes, les policiers et tous les membres des services d'aide et d'assistance s'appuient sur les anges dans leurs tâches quotidiennes, et la plupart d'entre eux n'en ont sans doute pas conscience. Certains, en revanche…

Une sauvage agression

Les âmes sensibles préféreront sans doute faire l'impasse sur cette histoire, que je tiens d'un policier nommé Nigel.

C'était en novembre, tard le soir, et j'effectuais ma ronde dans un quartier de la proche banlieue londonienne lorsque j'entendis un cri à vous glacer le sang qui me fit stopper net.

« Mais d'où cela peut-il bien venir ? demandai-je au collègue qui m'accompagnait.

— De quoi veux-tu parler ?

— De ce cri, bien sûr », lui dis-je.

Mais il affirma n'avoir rien entendu d'autre que le bruit de nos bottes sur le trottoir.

Je me suis dit que c'était sans doute un chat en train de hurler dans une ruelle à l'arrière et nous avons repris notre ronde, mais, cinq minutes plus tard, j'entendis de nouveau un cri abominable et cette fois-ci j'étais sûr que c'était une voix humaine car le cri fut suivi d'un appel – une voix qui disait : « Aidez-la, aidez-la. »

« Aider qui, et où ? demandai-je à voix haute.

— Tu entends encore des voix ? me dit mon collègue, l'air taquin. Je vais être obligé d'appeler les blouses blanches pour te faire enfermer. »

De l'autre côté de la rue se trouvait une usine désaffectée. « Les bruits viennent de là », dis-je, et sans plus attendre je traversai dans cette direction. Mon collègue, l'air toujours moqueur, m'emboîta le pas sans enthousiasme.

Nous avons trouvé une porte latérale entrouverte et sommes entrés dans les lieux. Pendant tout ce temps, la voix me dirigeait. « Par ici, en haut de l'escalier, par là. » Je savais, sans m'expliquer pourquoi, qu'il fallait monter au dernier étage.

Une fois arrivés là-haut, j'ai ouvert une porte et j'ai failli vomir à la vue du spectacle qui s'offrait à mes yeux. Une jeune femme avait été tabassée au point d'être méconnaissable. Elle était enceinte et le tabassage avait de toute évidence déclenché l'accouchement car deux tout petits bébés gisaient entre ses jambes dans une mare de sang, toujours reliés à elle par leur cordon ombilical.

Nous avons demandé du renfort et fait de notre mieux pour la soutenir en attendant l'arrivée de l'ambulance. Elle était à demi consciente mais incapable de parler, en raison d'une fracture à la mâchoire. Je tremblais tout en essayant de bercer doucement les bébés pour leur tenir chaud et je savais que mon collègue avait peine à retenir ses larmes. Nous étions dans la police depuis de nombreuses années et nous avions assisté à des événements horribles, mais celui-ci était de loin le plus choquant de tous.

Plusieurs jours après, la femme était suffisamment remise pour que je lui rende visite à l'hôpital afin de faire le point sur ce qui s'était passé. Elle me dit qu'elle avait été témoin d'un cambriolage et s'était rendue au commissariat pour identifier le coupable, et c'est pour cette raison que les malfrats l'avaient retrouvée et passée à tabac. Outre la fracture à la mâchoire, elle avait aussi des côtes cassées, une épaule disloquée et une multitude de bleus et de coupures. Les bébés étaient nés six semaines avant terme et l'un avait subi des dommages cérébraux, mais l'autre allait bien.

« Comment m'avez-vous retrouvée ? m'a-t-elle demandé.

— Je vous ai entendue crier », lui ai-je dit.

Elle avait l'air interloquée.

« Mais je n'ai pas crié. Ils m'ont dit que si j'émettais le moindre son ils me tueraient et tueraient aussi mes bébés. Je n'ai pas osé crier »

Puis elle a ajouté d'un air pensif : « Pendant que j'étais allongée là, j'ai entendu une voix me dire de tenir bon, et que de l'aide allait arriver. "Sois forte, disait la voix, parce que tes bébés ont besoin de toi." Même dans cet état de demi-conscience, je savais qu'on me trouverait. »

Elle me regarda. « Je ne sais pas en quoi vous croyez, mais moi je pense qu'un ange m'a parlé et qu'il s'est aussi débrouillé pour vous faire entendre des cris. Cet ange m'a sauvé la vie, ainsi que celle de mes enfants. »

J'ai repensé à toutes les directives que m'avait données la voix qui résonnait dans ma tête, et c'était la seule explication possible. Jamais je n'aurais pu retrouver la victime au dernier étage de l'usine désaffectée sans cette intervention et cette aide divine. Rien que d'y penser, j'en ai encore des frissons aujourd'hui.

Né dans un asile de nuit

De nombreuses femmes m'ont dit avoir été guidées, au cours d'un accouchement vécu dans des circonstances traumatiques, par des anges qui pouvaient être soit l'esprit de leur mère ou de leur grand-mère, venues veiller sur elles, soit une autre espèce d'ange qu'elles ne connaissaient pas. L'histoire qui suit est l'une des plus émouvantes qu'il m'ait été donné d'entendre, elle concerne une certaine Tracey, qui était à l'époque dans une fort mauvaise passe.

Quand je me suis aperçue que j'étais enceinte, le père s'était déjà évanoui dans la nature. L'idée d'avorter m'étant insupportable, j'ai donc décidé d'avoir le bébé puis de le confier en vue d'une adoption. Mais tout cela était très dur, parce que ma famille avait clairement exprimé qu'elle ne voulait plus rien avoir affaire avec moi, et la seule solution d'hébergement que j'aie pu trouver consistait à partager avec une amie alcoolique une chambre dans un foyer d'accueil peuplé de pochards et de drogués. Le refuge étant surpeuplé, je devais dormir à même le sol, et l'atmosphère était détestable, avec des bagarres et des disputes perpétuelles. Au septième mois de grossesse, le monde m'a semblé si lugubre qu'une nuit j'ai tenté de mettre fin à mes jours en me coupant les veines du poignet, mais, malgré une forte hémorragie, les blessures n'étaient pas assez profondes pour entraîner la mort. Et c'est en proie à une intense dépression que je me suis littéralement traînée au fil des derniers mois ; certains jours, j'étais trop en détresse pour me lever et pour aller manger.

Quand l'accouchement s'est déclenché, les contractions étaient si rapprochées et si douloureuses que je n'arrivais même plus à me relever – l'idée de négocier les escaliers et de me rendre à l'hôpital était d'autant plus improbable. Ma compagne de chambre était ivre morte et je n'arrivais pas à la tirer de sa torpeur, et malgré mes appels à l'aide personne ne prit la peine d'ouvrir la porte et de jeter un coup d'œil. La douleur était continue et j'avais envie de pousser, mais je savais que cela entraînerait l'expulsion de l'enfant, or j'espérais encore parvenir jusqu'à l'hôpital d'une manière ou d'une autre.

Soudain, une lumière vive est apparue, comme si on venait d'allumer une torche puissante. J'ai eu l'étrange sensation qu'il y avait quelqu'un d'autre près de moi dans la chambre, et j'ai su qu'en définitive tout allait bien se passer. Un homme est apparu à côté de moi, rayonnant de lumière. Je ne distinguais pas très bien son visage, mais lorsqu'il m'a touché le front, la douleur s'est calmée et je me suis sentie plus rassurée que je ne l'avais jamais été de toute ma vie. Je ne crois pas qu'il ait parlé – et je faisais sans doute trop de bruit pour entendre quoi que ce soit –, mais il est resté près de moi tandis que mon bébé venait au monde.

Je me suis penchée pour saisir mon enfant et le prendre dans mes bras et quand j'ai levé les yeux, l'homme avait disparu. À ce moment précis, on a frappé à la porte et un homme et une femme – deux ambulanciers – sont entrés et ont pris les choses en main.

« Apparemment, ma petite, vous avez fait le plus dur toute seule, ont-ils dit en coupant le cordon et en essuyant le bébé.

— Mais comment avez-vous su que j'étais là ? ai-je demandé, stupéfiée.

— On nous a téléphoné pour nous dire qu'une femme était en train d'accoucher ici. Celui qui a appelé n'a pas donné son nom, mais on est venu dès que l'on a pu. »

Je me suis rallongée et ils m'ont aidée à expulser le placenta. Qui donc avait bien pu téléphoner ? Il n'y avait pas de téléphones dans le refuge et aucun des autres occupants, même s'ils avaient eu le cœur d'essayer, n'aurait été en mesure d'appeler.

Quand je me suis relevée pour me diriger vers l'ambulance, nous avons remarqué la présence de deux toutes petites plumes sur le sol.

L'ambulancier fit cette remarque :

« Tiens, un ange gardien a dû veiller sur vous aujourd'hui. »

J'ai tout de suite su que c'était effectivement le cas, et je crois savoir de qui il s'agissait. Mon oncle Bill était mort des années auparavant mais quand j'étais petite, il s'était toujours montré très bon envers moi. Dès que cette pensée m'est venue, j'ai su d'instinct qu'elle était vraie. L'oncle Bill était à mes côtés pendant mon accouchement.

« Je vais appeler l'enfant William[1] *», ai-je dit à l'ambulancier.*

Après une naissance aussi miraculeuse, il n'était plus question de donner mon petit garçon en adoption. Je ne voulais plus, jamais plus être séparée de lui. J'ai fait appel aux services sociaux, et on nous a attribué un beau petit logement, le premier endroit de ma vie où je me suis vraiment sentie « chez moi ». William et moi y sommes installés en toute sécurité, et je sais que l'oncle Bill veille toujours sur nous.

1. Bill est le diminutif du prénom William. *(N. d. T.)*

Selon les dernières nouvelles que j'ai eues d'eux, Tracey et William s'en sortent très bien. Elle a un travail qui lui plaît et est une mère formidable. Certes, elle a dû souffrir pour en arriver là, mais cela faisait sans doute partie de son plan de vie, et elle est sortie de cette épreuve meilleure que jamais.

Apprendre à écouter

J'espère que les histoires relatées au fil de ces pages vous auront tous aidés à réfléchir à vos propres expériences, et qu'à l'avenir vous ne manquerez jamais d'écouter vos voix intérieures. Nous sommes tous médiums dans une certaine mesure, et c'est un don que la pratique permet de développer. Seuls quelques-uns d'entre nous ont la faculté de communiquer avec les esprits d'une manière suffisamment claire pour se lancer dans une véritable carrière de médium, mais cela ne veut pas dire que vous ne soyez pas à même d'enrichir considérablement votre existence en prêtant attention à vos anges et en leur demandant de l'aide en cas de problème.

Si vous avez envie de me raconter vos propres histoires d'anges, ou éventuellement d'assister à l'un de mes séminaires, vous pouvez me contacter par l'intermédiaire de mon site web[1]. Je serais ravie d'avoir un signe de votre part.

Si vous deviez garder de moi ne serait-ce qu'une seule idée, j'aimerais que ce soit celle de savoir que l'on n'est JAMAIS SEUL. Il y a toujours à nos côtés quelqu'un qui se soucie de nous, et qui nous prévient en cas de nécessité. Vous devez apprendre à demander et croire que l'on vous aidera. Soyez clairs et précis dans vos demandes, que ce soit en votre nom ou au nom d'autrui, et vous serez entendus.

Puissiez-vous tous être comblés d'amour et de bienfaits.

Dorothy

1. www.dorothychitty.co.uk

REMERCIEMENTS

Je souhaite remercier ici :

Tous mes amis et clients qui ont généreusement partagé avec moi leurs histoires, ce qui a rendu possible l'écriture de ce livre ;

Michael, mon cher époux, pour son soutien sans faille, ses encouragements et son amour ;

Mes trois enfants, Carl, Nicky et Tanya, ainsi que Mark, mon gendre, qui ont écouté ces histoires l'esprit grand ouvert (et parfois bouche bée) ; leurs suggestions fort à propos m'ont aidée à garder les pieds sur terre ;

Ma très chère amie Jan Cload, qui a contribué à la frappe du manuscrit à ses débuts ; Katy Carrington qui m'a persuadée d'écrire cet ouvrage ; et dernières – mais non des moindres – sur la liste, Gill Paul et mon éditrice Susanna Abbott, pour leur soutien et leur collaboration si pleine de créativité tout au long de la rédaction de ce livre.

À PROPOS DE L'AUTEUR

Grâce à ses exceptionnelles qualités de médium, Dorothy Chitty a changé la vie de nombreuses personnes. Originaire de Birmingham, en Angleterre, aussi loin qu'elle remonte dans sa mémoire, elle se souvient avoir toujours été en communication avec le monde des esprits. Elle a toujours su que sa destinée était de mettre ses dons médiumniques au service de ceux qui ont besoin d'aide.

Au cours de ces trente dernières années, Dorothy a reçu en consultation une foule de gens en détresse, en proie à toutes sortes de problèmes ou d'inquiétudes, et les a aidés à trouver des réponses, à clarifier leur situation. C'est ainsi qu'elle est devenue l'un des médiums les plus sollicités du pays : elle compte dans sa clientèle des stars du cinéma, des hommes politiques et autres célébrités, ainsi que des gens ordinaires, britanniques pour la plupart, bien qu'elle soit aussi très demandée aux États-Unis.

Dorothy est convaincue que nous devrions tous entrer en plus étroite communication avec nos anges gardiens et nos guides, qui s'efforcent toujours de nous aider à prendre les meilleures décisions possibles et à trouver l'amour, le bonheur et le succès dans nos entreprises. Lorsqu'elle donne une consultation, elle reçoit des informations, non seulement de ses propres guides, mais aussi des nôtres. Si nous apprenons à écouter nos guides, nous serons alors en mesure, nous aussi, d'entendre les réponses aux questions que nous nous posons. Voilà pourquoi, tout au long de l'année, Dorothy organise également des séminaires et des ateliers d'éveil spirituel.

Dorothy a trois enfants d'âge adulte, elle vit avec son mari dans le Devon.

Pour en savoir plus sur Dorothy et ses activités, vous pouvez consulter son site[1].

1. Voir p. 394, note 1.

TABLE

Avant-propos 9

1. Les anges dans ma vie 13
2. Les anges que nous connaissons 39
3. Les anges que nous ne reconnaissons pas 101
4. Des anges de bon conseil 157
5. Les enfants médiums 219
6. Des médiums dans le monde animal 263
7. Ces anges qui nous guérissent 307
8. Des miracles en provenance de l'au-delà 353

Apprendre à écouter 393
Remerciements 395
À propos de l'auteur 397

Composition et mise en pages réalisées
par IND - 39100 Brevans

Achevé d'imprimer par N.I.I.A.G.
en juillet 2012
pour le compte de France Loisirs, Paris

N° d'éditeur : 68799
Dépôt légal : août 2012
Imprimé en Italie